LARS GRAEL

LARS GRAEL

UM LÍDER PARA OS NOSSOS TEMPOS

com EDUARDO OHATA

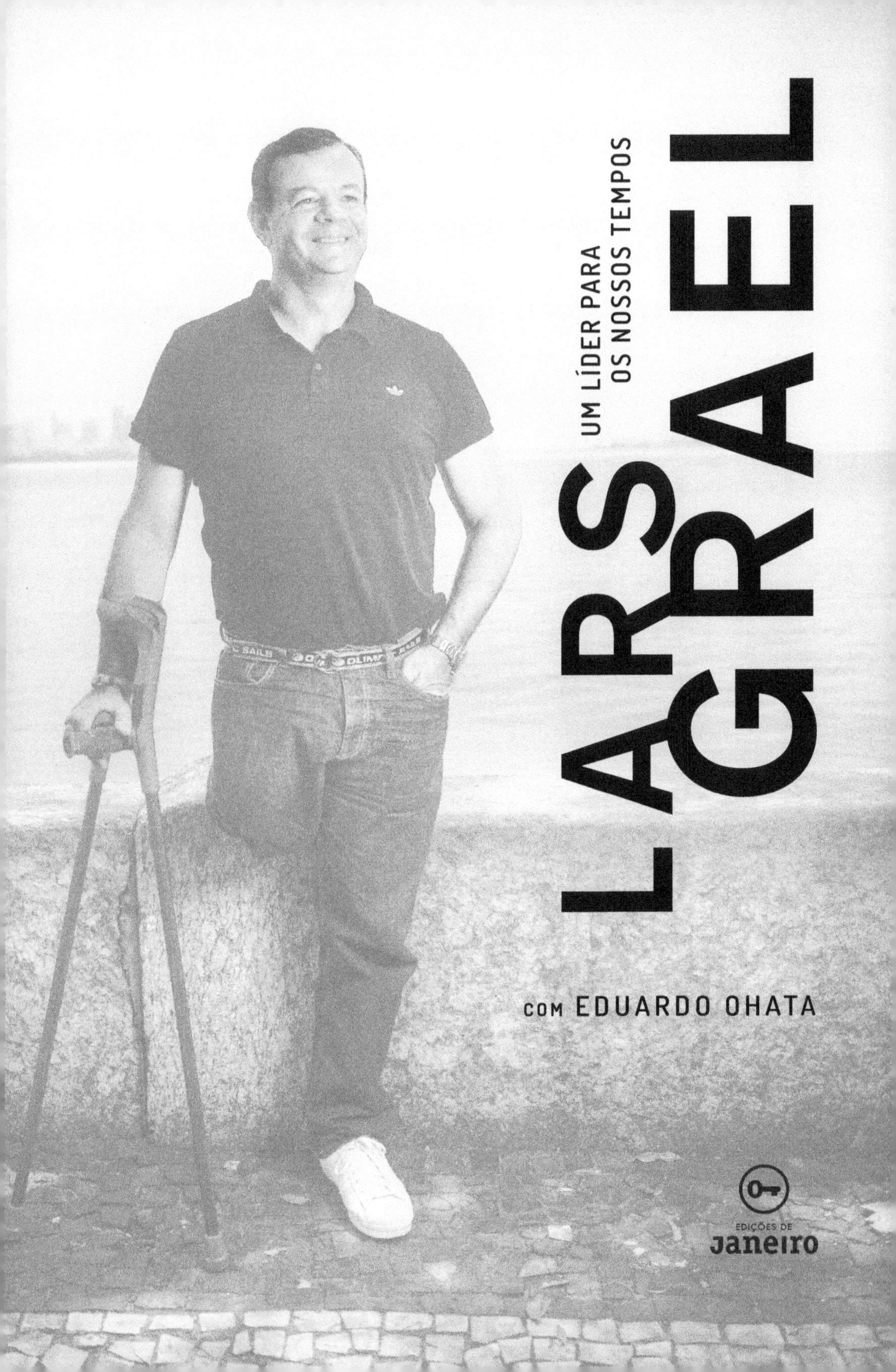

Edições de Janeiro

Este livro foi revisado segundo o Acordo Ortográfico da Língua Portuguesa de 1990, em vigor no Brasil desde 2009.

Editores
José Luiz Alquéres
Renata Nakano

Capa, projeto gráfico e diagramação
Adriana Cataldo | Cataldo Design

Preparação
Roberto Homem de Mello

Revisão
Alexandre Massi
Flávia Custódio

Fotografias
Juliana Gueiros (capa e p. 94)
Agência O Globo (p. 80)
Acervo pessoal (demais imagens)

CIP-BRASIL. CATALOGAÇÃO NA PUBLICAÇÃO
SINDICATO NACIONAL DOS EDITORES DE LIVROS, RJ

G764

Grael, Lars
Lars Grael : um líder para os nossos tempos / Lars Grael, [Eduardo Ohata]. - 1. ed. - Rio de Janeiro : Edições de Janeiro, 2015.
220 p. : il.

ISBN 978-85-67854-52-6

1. Grael, Lars, 1964-. 2. Velejadores - Brasil - Biografia. I. Ohata, Eduardo. II. Título.

15-27460 CDD: 927.971246
CDU: 929:797.14

Edições de Janeiro
Rua da Glória, 344, sala 103
20241-180 | Rio de Janeiro, RJ
+55 (21) 3988-0060
contato@edicoesdejaneiro.com.br
www.edicoesdejaneiro.com.br

À família, por ser e estar.

SUMÁRIO

BRA
8392
Light

APRESENTAÇÃO

JOSÉ LUIZ ALQUÉRES

11
APRESENTAÇÃO

Fiquei honrado pelo convite para apresentar o livro feito pelo Lars, Renata, Cecilia e Eduardo – as pessoas que produziram esta obra. Começo por registrar que o nome Lars Grael é bastante conhecido de todos os brasileiros como uma das nossas maiores glórias no esporte, com notável desempenho nas competições de vela no Brasil e no exterior. Medalhista olímpico, como seu irmão Torben – a dedicação à vela é uma marca familiar –, Lars também se destacou como secretário nacional dos Esportes, entre outras importantes funções públicas e privadas, além de ser um dos mais requisitados palestrantes em seminários empresariais, nos quais aborda temas como superação pessoal.

Hoje mais uma geração dos Grael e Schimidt começa a trilhar o mesmo caminho: seus respectivos filhos, filhas e sobrinhos abraçam o esporte, assim como outrora seus tios também haviam feito. A força que conduz uma família a, geração após geração, competir e buscar se superar é algo que merece a nossa reflexão. E não são pessoas focadas apenas no esporte, mas empenhadas em projetos de relevância social e ambiental para todo o Brasil, especialmente para a baia de Guanabara – pano de fundo de tantas vitórias de Lars. Axel Grael, por exemplo, é o atual vice-prefeito de Niterói, onde atua intensamente na defesa de práticas ambientais mais corretas.

Trazem o espírito de liderança que desejaríamos encontrar mais em nossa terra. A liderança que rompe com a acomodação tão comum aos brasileiros na área esportiva, pessoal e política. A liderança mais do que reconfortante: revigorante. Afinal, de onde os Grael retiram este amor à vida, este empenho em dar um significado maior a tudo que fazem?

Essa é uma pergunta que a leitura deste livro franco, narrado no estilo direto, informal e verdadeiro da fala de Lars, nos responde. Pois não é algo a ser dito em três ou seis linhas. Demanda afinidade entre leitor e autor, uma verdadeira "transferência" no sentido psicanalítico do termo, para que percebamos o quão profundos são estes sentimentos do Lars que o empurram para a busca contínua da excelência em tudo o que faz.

Somente o histórico esportivo do Lars já daria ensejo a um belo livro. Mas a vida é imprevisível e, assim como Dante Alighieri conta na *Divina comédia*, que no meio do caminho da sua vida ele se deparou com uma selva escura e nela havia um portal com a inscrição "Deixai toda esperança, ó vós que entrais", Lars também se deparou com selvas ao longo de seu percurso que mudaram a sua trajetória. A maior delas, no auge da carreira esportiva e em um momento particularmente doce da sua vida familiar, quando foi vítima de um terrível acidente e perdeu uma de suas pernas.

Nasce então um novo Lars, que a todos inspira e surpreende. Mesmo a mim, que o conhecia através de outros amigos da vela, como Marcus Temke, Celso Quintella e Roger Wright, meu saudoso irmão (ou filho) mais moço (a depender do dia). Soube do acidente no mesmo dia, quando o Roger me ligou, contou e pediu a indicação do melhor advogado de Vitória para conduzir o caso, que nos transtornava. Roger era assim. Fazia tudo pelos amigos. Ao longo do livro, Lars fala muito e bem dele, e com razão.

Este novo Lars nasce com dúvidas sobre como levar a vida após o ocorrido. Com o tempo, ele volta a se encontrar e se concilia ao "velho" Lars com apoio de pessoas que lhe foram dedicadas e atenciosas. Enfermeiras, médicos, pessoas que haviam passado por situações que deixaram sequelas físicas análogas e, especialmente, por Renata, sua mulher, que rejeitando uma oferta (nada feliz, porém sincera) de Lars, manda-o ir "tomar banho": "*Eu casei com você, não com a sua perna!*"

Lars se reconstrói sem a perna, e fica maior. Faz tudo o que costumava fazer, e melhor. Esta é a prova de que o sofrimento não o impediu de "ser o que ele é". Não o julgo um herói. Julgo-o um homem, com toda a sua grandeza. Um homem que em sua pequenez e limitação se impõe tarefas hercúleas e as supera. Porque essa é a essência da grandeza do homem.

Temos em Lars Grael, neste país deserto de líderes, alguém a admirar, alguém que nos prova a enorme capacidade de superação que habita dentro de cada um de nós, alguém que cultiva os valores que lhe foram passados por sua família e pela vida, na luta por um mundo mais justo, mais humano e mais feliz.

S
188

CAPÍTULO 1

ESPÍRITO OLÍMPICO

17

ESPÍRITO OLÍMPICO

Os raios de sol atingiam minha pele, mas o vento fresco na marina suavizava o calor de verão. O tempo estava gostoso. A sensação, porém, era a pior possível.

Caído no trampolim do barco, com as mãos cobrindo o rosto, sentia minhas forças se esvaindo. Uma sensação de desamparo me dominava. Meu proeiro, com expressão de angústia e desespero, olhava para os lados, sem saber o que fazer. Pudera. Em sua carreira, ele nunca havia passado por nada igual.

Meus pensamentos viajaram pela trajetória que me levou àquele cenário. Ao chegarmos à marina que ficava na vila olímpica de Barcelona, meu irmão Torben e eu éramos cumprimentados por dirigentes, velejadores de outras classes e até por nossos adversários.

– Vocês são os caras a serem batidos – reconheciam, quase em uníssono.

Éramos francos favoritos a medalhas em nossas classes. Nos Jogos Olímpicos anteriores, de Seul 1988, os "Irmãos Grael", como passamos a ser chamados pela mídia, subiram ao pódio. Graças àquela campanha, nossos nomes se tornaram uma grife.

Entre os Jogos de Seul (1988) e de Barcelona (1992), Torben, que havia sido bronze olímpico no primeiro, levou o título europeu, foi campeão mundial, chegou à liderança do ranking mundial na classe Star. E, para reforçar seu favoritismo, venceu sua última competição antes dos Jogos Olímpicos, a tradicional Semana de Kiel, na Alemanha.

Apesar do bronze olímpico, minha campanha para Barcelona foi feita na pindaíba. Só melhorou um ano antes dos Jogos, quando nosso patrocinador da época, o senhor Nicholas Makay, da Peróxidos do Brasil, nos presenteou com um barco sueco, realmente bom. Com ele, passamos a alcançar resultados condizentes com os de quem pretendia brigar por uma medalha. Ficamos entre os dez melhores no Campeonato Europeu, vencemos a primeira semana de Spa, na Semana da Holanda, fomos campeões invictos do Aberto da Suécia e, com uma vela antiga, que usamos para poupar a nova para os Jogos Olímpicos, ganhamos a Semana de Kiel, na Alemanha. Spa e Kiel eram as duas competições mais tradicionais da época.

Todos esses resultados foram muito bons, especialmente para fortalecer nossa autoconfiança. Porém, trouxe uma novidade. Pela primeira vez, éramos cobrados por medalhas.

Como se essa cobrança não bastasse, sobre mim pesava uma pressão adicional: para estar lá, desafiei a orientação de um médico do Comitê Olímpico do Brasil (COB).

Meses antes dos Jogos, havia participado de uma competição em Cesena, na Itália, que resultou em uma hérnia de disco. Na volta, fiz o exame de ressonância magnética, que era uma novidade na época, e o levei para o médico do comitê examinar.

– A Olimpíada acabou para vocês – decretou, após dar uma olhada nos exames.

– O quê?! – perguntei, incrédulo.

– Isso mesmo, vocês estão fora, não dá para competir em uma Olimpíada desse jeito – explicou, friamente.

Cumprimentei o médico, mas, ao deixar seu consultório, resmunguei, indignado, para mim mesmo: "Não vou me entregar, imagina... Vou dar um jeito, vou conseguir."

A situação agravou-se quando meu drama foi exposto, para minha surpresa, em uma reportagem de página inteira em um jornal de circulação nacional, justamente na edição de domingo, a que tem mais leitura. Os prognósticos dos médicos consultados pelo repórter, mesmo que não tivessem acesso a meus exames, traziam um tom igualmente pessimista: "Cabe uma cirurgia cervical, mas a recuperação é longa o bastante para impedir a participação de Lars Grael nos Jogos Olímpicos de Barcelona."

Cheguei à Espanha graças a muita fisioterapia, um colarinho cervical, com a ajuda do qual competi, e muitos medicamentos, que me renderam uma gastrite. Porém, o que mais importava era a felicidade de estar em mais uma edição dos Jogos Olímpicos, a minha terceira participação.

A forma que havia encontrado para bloquear essas distrações e me concentrar na competição era ligar meu walkman, colocar os fones de ouvido e ouvir *Oxygène*, do Jean Michel Jarre.

E as distrações eram muitas. Como a competição da vela acontecia dentro da vila olímpica, todo mundo ficava em cima, olhando. E não eram apenas os brasileiros. Era comum você estar fazendo a manutenção do barco, virar para cima, e dar de cara com um ídolo como o alemão Boris Becker. Lembro claramente desse momento, sempre fui fã de tênis. Tentei ser tenista, mas não levo o menor jeito para o esporte. Até hoje sonho que estou jogando, em simples ou em duplas. Quando acordo, lembro de cada ponto, de cada set.

Apesar de toda a pressão que pesava sobre nossos ombros, houve um momento de descontração, o aniversário do Torben, no dia 22 de julho. Foi uma grande festa. Até jogaram nosso chefe de equipe, o Reinaldo Câmara, ao mar. Ofereceram bebidas, entre elas caipirinha e cerveja. Cheguei a esticar o braço, mas imediatamente me lembrei das restrições médicas.

– Não, obrigado – recusei, afastando o copo, mas com uma vontade danada de provar.

Como a primeira regata aconteceria dias depois, um drink, desde que sem exagero, não faria mal, não fossem os remédios que estava tomando. Restou observar a festa. Foi bom para relaxar um pouco.

Quando as regatas finalmente começaram, os ventos fracos foram frustrantes. Havia toda uma expectativa, baseada em estatísticas, que apontava para ventos fortes, e foi para essa condição que regulamos as embarcações, adequamos nossa técnica, instalamos os equipamentos.

Conclusão: nossos resultados decepcionaram e fomos impiedosamente malhados. Fomos os oitavos colocados na classe Tornado. Torben, o 11º. na Star. Os demais integrantes da equipe brasileira tiveram resultados ainda piores.

A culpa pelo fracasso foi colocada naquela festinha de poucos dias antes. Chamaram a nossa equipe de depravada e citaram este "episódio de bebedeira" como sendo o motivo pelo mau desempenho. Um jornal publicou a charge de um "barquinho", na forma de um cálice de bebida, naufragando. Enfim, era um ambiente ruim, perdedor, de críticas de analistas do esporte que falavam mal, mas que sequer conheciam o esporte da vela.

Todos esses episódios foram decepcionantes o suficiente para que o Torben decidisse deixar o Brasil e fosse morar na Itália com o Marcelo Ferreira. Lá conseguiram apoio de um estaleiro que fabricava Star, o que dava segurança para eles prosseguirem competindo.

Eu voltei ao Brasil. E quando cheguei, uma novidade: percebi que a pequena fábrica de velas para barcos da qual era sócio, em Niterói, não tinha futuro. Vendi minha parte.

Fiquei perdido, não sabia direito o que fazer. Com a estrutura que o Brasil oferecia para a vela, achava que não conseguiria viver dela. Todo o processo havia se demonstrado decepcionante: você ganha destaque só de quatro em quatro anos e é malhado se os resultados esperados não vêm. E quando se está por baixo, aquela sensação de fracasso vai aos poucos o dominando.

Comecei a sair à procura de "bicos".

– Ó, tô de bobeira. Se alguém precisar de alguém para ser marinheiro de luxo em barco de rico, pode me chamar – eu me oferecia.

Muita gente dava risada, achava que era brincadeira. Mas, naqueles tempos, qualquer proposta que parecesse tentadora, eu escutaria. Se me chamassem para trabalhar em uma empresa, tomar conta de uma fazenda, qualquer coisa, eu teria aceitado.

Esta situação contaminou meu casamento com a Betina. Logo chegamos à conclusão de que ele havia ficado ruim e, no ano seguinte, em 1993, nos separamos. O que havia nos segurado era minha filha Trine, com quatro anos na época. Saí de casa de mãos abanando, já que o apartamento em que morávamos pertencia ao meu sogro e, sem emprego fixo, eu já havia queimado minhas economias. Só tinha sobrado meu Opala, que usava para procurar emprego.

Uma semana após a separação, estava deixando meu apartamento quando, ao virar a esquina, não encontrei meu carro. Como estava com tanta coisa na cabeça, fiquei pensando se não tinha estacionado em outro lugar. Até que entendi o que havia acontecido.

"Até meu carro roubaram! Que fase", pensei, enquanto batia a mão na testa.

Um dia, o Torben me ligou. Primeiro, perguntou como estava tudo por aqui, contou como era bacana lá na Itália, e finalmente fez um convite.

– Por que você não se muda para cá também? Aqui tem condições para velejar em alto nível e, o melhor, com patrocínio.

Foi tentador, de verdade, mas tive de recusar.

– Obrigado, mas não dá. Não quero ficar longe da minha filha, ainda mais agora, nesse período de separação.

Cheguei a participar de regatas na Itália após o Torben ter mexido seus pauzinhos, e recebi até salário para competir. Corri com ele no Brava Q8, um campeonato em Cagliari, no sul da Sardenha, e outro no norte dessa ilha italiana, na Costa Esmeralda.

Senti o gostinho de como seria viver e competir na Itália. Mas retornei ao Brasil, tinha minha responsabilidade, não trocaria o convívio com minha filha por nada.

Aqui, a bola de neve não parava de aumentar. Um dia recebi uma ligação do meu amigo-irmão Clínio Freitas, parceiro e proeiro na classe Tornado em duas campanhas olímpicas, Seul e Barcelona. As notícias eram as piores possíveis: seu pai, seu irmão e dois sobrinhos acabavam de morrer em um terrível desastre de carro quando viajavam para Curitiba. Foi um trauma na família do Clínio.

Poucas semanas depois, ele me chamou para uma conversa. Eu já desconfiava do que se tratava.

– Lars, repensei essa vida de atleta e vou deixar as competições para me dedicar à profissão de dentista. Além do baque emocional, você sabe que era meu pai que me cobria no consultório dentário quando estávamos em competições. Não vou ter quem faça isso – justificou. – Além disso, estou um pouco cansado dessa vida de uma hora pedir favor à Confederação de Vela, outra hora correr atrás de patrocínio...

Entendi perfeitamente do que ele estava falando. Não foi preciso dizer mais nada. Dei-lhe um forte abraço, em agradecimento. Não tinha como pedir mais a ele.

Sem meu proeiro, tentei uma nova categoria, a Soling, que não decolou por falta de apoio. Minha passagem por essa classe ficou mais marcada pelo lado cômico. Como a Soling pedia um navegador mais pesado, tive de engordar catorze quilos para a empreitada.

Comecei a "bater ponto" no McDonald's, o que não era sacrifício algum, pois sempre gostei de fast-food. Andava com sacos de jujuba, barras de chocolate, saco de amendoim, e acho que nunca bebi tanta cerveja como naquela época... Mas logo deixei de lado a ideia de competir nessa classe, pois não tivemos apoio algum após Barcelona.

Agora era eu que estava repensando minha vida. Estava por baixo, vinha de uma frustração esportiva, nossa estrutura era defasada e inferior à de nossos principais adversários. Meu fracasso profissional ficou evidente, meu casamento acabou, eu estava quebrado, roubaram meu carro, e eu não queria ir embora do Brasil por causa da minha filha.

Como não surgiram propostas e não tinha para onde ir, continuei fazendo o que sabia: velejar.

Ainda desanimado, desgostoso, fui competir em janeiro de 1994 no Campeonato Brasileiro de Vela Oceânica em Florianópolis. Havia conseguido patrocínio pontual da Unimed para o evento.

Meu parceiro naquela competição foi o Kiko Pelicano. Tinha a tradição da vela em sua família, já que seu pai, o Roberto, era um tradicional velejador, e uma de suas irmãs, a Márcia, havia participado de dois Jogos Olímpicos e era uma ótima velejadora.

Conheci e passei a conviver mais com a Renata, sua irmã de 21 anos. No fim de janeiro, quando voltamos de Santa Catarina, estávamos namorando e poucas semanas depois morávamos juntos. Enquanto eu ainda me encarava como um fracassado, ela se sentia honrada em conviver com um medalhista olímpico. Ela via coisas em mim que eu não conseguia enxergar, estava sempre me incentivando. Ela trouxe uma nova energia.

– Vai, você consegue, precisa voltar a treinar. Você é bom, pode ganhar de novo.

Ao mesmo tempo, um apoiador que àquela altura já se tornara um grande amigo, o Roger Wright, me perguntava por que eu não voltava a velejar de Tornado. Eu estava convicto de que aquele era um capítulo encerrado em minha história. Relutei, afastei a ideia.

Ele me convidou para ajudá-lo a competir na semana pré-olímpica de Miami, argumentou que era para ele ter uma experiência de alto nível. Fui, a princípio, mais por curtição. Mas ele também conseguiu o que queria: que eu voltasse a ter contato com a classe que havia me rendido uma medalha olímpica.

Quem começou também a fazer campanha para que eu voltasse à Tornado foram os dirigentes da Confederação Brasileira de Vela e Motor.

– Olha, se você voltar à Tornado, a gente te ajuda – ofereceram.

O Roger comprou uma embarcação velha da classe Tornado, a mesma que a gente tinha usado para competir em Seul, e que estava abandonada na Bahia.

– Pega esse barco para você começar a treinar – aconselhou o Roger.

O Clínio, que havia voltado a competir, começou a velejar com o Roger. Então, chamei o Kiko Pelicano para velejar comigo, com quem competia na classe Oceano e que, a esta altura, era meu cunhado.

Apesar de animado, sempre cultivei o hábito de ser realista. Pensei comigo que não seria fácil. E não estava falando de conquistar uma medalha olímpica, mas de obter a classificação para os Jogos de Atlanta. Àquela altura, tínhamos pouco mais de um ano para ajustar nossas engrenagens e trabalhar em equipe. Tínhamos um barco oito anos defasado em relação ao dos nossos principais concorrentes, meu proeiro era ainda garoto, e eu... bom, eu estava voltando daquela péssima e traumática campanha e havia ficado fora da Tornado por duas temporadas.

Conversei sério com o Kiko, expliquei exatamente qual era nossa situação.

– Olha, vai ser muito difícil, vamos ter que fazer muitos sacrifícios. Vai ser um número enorme de provas até os Jogos Olímpicos, ficaremos longe da família, vai faltar tempo para fazer qualquer coisa que não seja velejar. Você topa carregar este enorme desafio comigo? – perguntei.

No dia seguinte, logo de manhãzinha, já estávamos na marina trabalhando em nosso barco.

A preparação para essa campanha olímpica afetou, e muito, minha vida fora do mar. A primeira coisa que tive que fazer foi fechar a boca. Literalmente. Como tinha ganhado catorze quilos para competir na Soling, agora seria preciso perder todo esse peso. Ainda bem que há maior facilidade quando se é mais novo. Os horários dos treinos, que terminavam por volta das 16h, ajudavam. Tomava meu café da manhã e entrávamos no mar ao meio-dia. A segunda refeição do dia era no fim da tarde, quando voltávamos –

na prática, era um almoço atrasado ou um jantar antecipado. Sumi do McDonald's, o que foi uma pena. Passei a comer praticamente nada: evitava massa e carne e minhas refeições continham basicamente peixes, saladas... Fora isso, corria muito, jogava badminton, tênis, todo dia fazia atividade física extra. Substituí a musculação pelos exercícios aeróbicos.

Em condições abaixo do ideal, a gente ia treinando. Um dia, fui chamado pelo pessoal da confederação. Era para falar sobre patrocínio a campanhas olímpicas.

– Lars, um trio de empresas se organizou aqui no Rio e resolveu apoiar a Marcia Pellicano, na classe Europa, o Robert Scheidt e o Peter Tanscheit, na Laser, e você e o Kiko na classe Tornado.

Então, naquele momento, aquela centelha de motivação, que tinha voltado com a Renata e o Roger, se transformou em realidade. Foi nesse momento que chegou outra boa notícia.

Um fabricante de barcos sueco, Göran Marström – que também era meu concorrente quando competi em seu país – percebeu a fragilidade de minha campanha e passou a me "alugar" barcos quando eu estava sem. Na prática, ele me emprestava suas embarcações.

– Pague quanto você tiver. Se estiver sem dinheiro, pague mais tarde – e virava as costas, sem nem ao menos dar a chance de recusar a oferta ou me deixar constrangido.

Os primeiros resultados de nossa campanha olímpica foram ruins, a gente chegou a cambalear. Tive de encarar o fato de que estava sem reflexo, defasado tecnicamente e fisicamente ainda no processo de perda de peso. O Kiko revezava momentos em que mostrava grande talento e outros com erros primários.

No entanto, quando chegou 1996, já senti firmeza. Estávamos velejando em alto nível, eu estava magrinho, o Kiko havia se tornado um ótimo proeiro na Tornado. Os resultados apareceram, havia patrocinadores e o apoio do COB, naquele início de gestão de Carlos Arthur Nuzman, começava a surgir.

Não éramos apenas eu e o Kiko. Toda a nossa equipe, que engolira o fracasso em Barcelona, foi ficando com os brios em elevação. Na Laser, o Scheidt e o Peter eram primeiro e segundo no mundo. Os dois ganhavam títulos mundiais desde Barcelona. Torben e Marcelo, que viviam na Itália, mas representavam o Brasil, atingiram novamente a liderança do ranking internacional. Marcia Pellicano era campeã panamericana na classe Europa e Christoph Bergmann figurava entre os melhores na classe Finn.

Nos meses que antecederam a seletiva olímpica me preocupavam as condições de nosso barco. Estava na cara que, se a gente exigisse muito, iria quebrar.

Para minha surpresa, o Clínio, que a esta altura estava na disputa pela vaga, apareceu com um barco novinho, comprado pelo Roger. Achei estranho e fiquei chateado por meu ex-parceiro ter virado agora um concorrente e meu amigo e incentivador Roger tê-lo municiado. Havia ainda o Juliano Viana, um concorrente de alto nível de Fortaleza, que veio da classe Hobbie Cat 16 e colocou muita energia na campanha. Muito bem equipado, ele tinha um técnico americano excelente. Cheguei inseguro na véspera da eliminatória por causa da precariedade de nosso equipamento.

Foi nessas condições que um concorrente novo de Niterói nos apresentou uma proposta. Era o Fernando Jacobina, sem grandes chances de classificação e para quem Clínio e eu, precisando fazer caixa, havíamos vendido nosso barco da campanha de Barcelona.

– Quero oferecer meu barco a vocês, que têm mais chance de ir à Olimpíada. Só peço o de vocês emprestado para eu poder competir na classificatória – propôs.

Não pensei duas vezes, era uma oferta magnânima. Começamos na terceira colocação; recuperamo-nos no segundo dia de regatas e chegamos à vice-liderança; no terceiro dia, passamos à liderança para nos consolidar e ganhar a vaga por antecipação. Nessa seletiva, tivemos o apoio do meu primo Glenn Haynes, parceiro em Los Angeles, nos Jogos de 1984.

A eliminatória não foi difícil apenas para nós. O próprio Torben decidiu a vaga na última regata, por um detalhe, sobre o Alan Adler. Como já havia sido campeão mundial, o Torben achou que passearia na eliminatória.

Chamei o Kiko de canto e confidenciei:

– Estamos preparados para disputar medalha.

Aquela seletiva foi dura para a gente, e por isso nos fortaleceu, nos motivou. Na campanha daquele ano, passamos a ter bons resultados, sobretudo o segundo lugar na preparatória para os Jogos

Olímpicos, em Hilton Head, na Carolina do Sul, onde todos os nossos concorrentes em Atlanta estavam reunidos.

Na volta, uma surpresa: o Clínio se ofereceu para ser meu técnico. Meu proeiro, que passou a ser meu adversário, agora seria meu treinador. Só naquele momento entendi que o Clínio e o Roger, à sua maneira, haviam me forçado a chegar ao meu limite, sem complacência.

Fiquei feliz também porque teríamos em Atlanta a presença do tio Erik, que iria como técnico do Torben. Ele foi uma grande influência para que eu começasse a velejar. Na prática, sabia que seria um guru para a gente.

Tudo aquilo ajudou a imprimir um clima de otimismo em nossa chegada a Atlanta. Até que finalmente chegou o dia das primeiras duas regatas das onze previstas. Era o fim de toda aquela ansiedade.

Vínhamos disputando a sexta colocação quando, por um erro meu de aproximação de boia, a tivemos que pagar uma penalização e chegamos em antepenúltimo. Das onze regatas, os dois piores resultados poderiam ser descartados. Já tínhamos queimado nosso primeiro descarte na regata de estreia e, claro, fiquei de cabeça quente.

Mas então pensei: "Não, cara, tem mais dez regatas pela frente, vamos lá..."

Cabeça erguida, partimos para a segunda regata. Disputávamos a sexta, sétima colocação, estávamos no meio da prova, quando uma costura de nossa vela de proa, a buja, descosturou. Como estávamos em alta velocidade, ela foi se abrindo, se rasgando toda até virar um farrapo.

Cruzamos a linha de chegada em penúltimo lugar. Ou seja, queimamos os nossos descartes no primeiro dia. Não tínhamos mais o direito de errar.

– Ah, acabou a Olimpíada. Que urucubaca, que azar... Não era para ser... O que eu tô fazendo aqui? A Olimpíada acabou para mim.

Aquilo fez mal para o Kiko, que ainda era novo e ficou inseguro. O restante da equipe procurou nos animar.

– Não entrega, cara. Tem mais nove regatas, faz o teu melhor, quem sabe as coisas não mudam...

O dia seguinte era de folga, o que só piorou a situação. Estava doido para voltar e lavar a alma, mas tive que ficar remoendo aquilo por mais 24 horas.

No dia da terceira regata, estava ansioso. Fazia um vento fraco e, aflito, com medo de me atrasar, especialmente após tanto azar, cortei caminho por uma península e passamos por uma área que era mais rasa. Um dos nossos lemes bateu em um banco de areia, o que danificou sua trava. Para não comprometer a regata, fixei-o com um cabo. Ficou perfeito, a única coisa é que ficou travado para baixo, sem a capacidade de ficar na posição levantada.

Felizmente, consegui contornar aquela situação e cheguei a tempo na raia de competição, visando me recuperar e, se possível, liderar a prova.

Foi o que aconteceu. Largamos bem, tínhamos boa velocidade, assumimos a liderança e a mantivemos durante toda aquela regata.

Estava feliz da vida. Afinal, íamos cruzar a linha de chegada com certa vantagem. Não poderia haver sensação melhor: dar a volta por cima.

– Nós vamos ganhar essa! Vamos disputar essa medalha. Acabou o azar! – repetia ao meu cunhado.

No entanto, o vento acabou naquele momento. Estávamos muito próximos à lancha que fazia a linha de chegada e, como aquele local era relativamente raso, o cabo da lancha passava bem horizontalizado. Foi quando, bem na linha de chegada, uma onda esticou o cabo e acertou o meu leme. Qual deles? Justamente o que eu havia amarrado.

Corri para tirar o cabo, mas não consegui alcançar a ponta do leme, pois as velas estavam cheias e faziam pressão. Lentamente, nosso barco foi se aproximando da lancha até nos chocarmos, caracterizando uma infração. O árbitro também percebeu e, apesar de termos cruzado a linha em primeiro, foi necessário pagar uma penalização e passar novamente pela lancha. De primeiro lugar, fomos para o sexto. Não só perdi cinco pontos por uma coincidência de fatores como todo mundo andou um ponto para a frente quando herdaram minha posição.

Chorei. Me desesperei. Pensei que havia uma maldição na minha cabeça. Desabei no trampolim. Fiquei deitado agonizando com a mão no rosto. O Kiko não sabia o que fazer, não sabia o que dizer. Se o companheiro dele, um medalhista olímpico, estava naquela situação, o que ele, um garoto, poderia fazer?

Longos minutos (ao menos para mim) se passaram até eu perceber uma sombra em meu rosto. Estava difícil focar a visão por causa do sol. Levou algum tempo para reconhecer aquele estranho que estava agora em minha embarcação.

– Jochen? – perguntei, confuso.

Jochen Schümann já era, àquela altura, um bicampeão olímpico. Nos conhecemos na regata pré-olímpica de Los Angeles, em 1983, quando estava iniciando minha carreira olímpica. Ele representava, à época, a Alemanha Oriental, sendo impiedosamente vaiado pelos norte-americanos ao subir no pódio. Eram os tempos da Guerra Fria.

Terminei minha prova na Tornado em nono ou décimo lugar e fui assistir a regata da Soling, aproveitando para acompanhar a premiação.

Fiquei tão ofendido ao ver uma cena antidesportiva dessas que na hora me aproximei do pódio e comecei a aplaudir. Ele olhou para mim, desceu do pódio e me deu um abraço. Naquele momento, começou uma amizade, mesmo que distante. Ele nem chegou a disputar os Jogos Olímpicos de Los Angeles por causa do boicote dos países comunistas. Velejava em outra categoria, no Leste Europeu, a gente se trombava em uma ou outra competição.

Naquele dia, em Atlanta, sua primeira regata do dia havia acabado e ele aproveitou para acompanhar a prova da Tornado enquanto esperava o início da segunda prova.

Quando viu acontecer aquela desgraça comigo na linha de chegada, aproximou-se do meu barco e pediu licença ao Kiko, o que eu nem havia percebido, de tão desesperado que estava. Ele subiu e falou:

– Cara, levanta a cabeça. Você é bom, ganhou essa regata. Isso que aconteceu foi um azar incrível. Tenho certeza de que você vai chegar ao pódio e ganhar essa Olimpíada. Ainda dá.

E me deu um abraço. Nunca imaginei que isso fosse acontecer. Lógico que você não faz uma gentileza pensando em retribuição, mas quando o cara teve a chance de retribuir, retribuiu. Dizem que "gentileza gera gentileza", não é isso?

Era disso que eu precisava, de um gesto de carinho, de confiança.

Precisei me recompor rapidamente, já que havia outra regata naquele mesmo dia. Agora precisaria criar uma fortaleza mental para me reorganizar, programar os próximos passos e esquecer tudo o que havia acontecido até então.

Se você focar nas coisas ruins, está frito. Acabou. Não adianta ficar remoendo o erro. Se você ficar pensando no que aconteceu, não tem mais a capacidade de organizar sua mente e competir em altíssima performance. Não é fácil se desvencilhar daquela energia ruim voltando à memória o tempo todo, é preciso apagar o trauma, aprender com os acontecimentos e dizer para si mesmo: "não vou repetir esse erro, na próxima já vou para ganhar".

Conseguimos mais uma sexta colocação. Bem melhor que o penúltimo lugar, mas para quem ambicionava uma medalha, a gente estava a um abismo de distância.

A partir daí, conseguimos sempre nos manter entre os três primeiros. No dia seguinte, vencemos a primeira e fomos vice na segunda regata. Assim fomos galgando posições. E eu não tirava da cabeça aquilo que o alemão dissera. "Ainda dá" se tornou um mantra para mim até o fim dos Jogos.

Os campeões naqueles Jogos Olímpicos, Fernando Leon e José Ballester, não venceram uma regata sequer. Os espanhóis tiveram regularidade. Os que foram prata estavam, até o fim da última regata, em nono lugar. Na linha de chegada, o vento acabou, eles pegaram uma rajada e passaram cinco barcos. Tiraram a nossa a prata por um mísero ponto.

Aquele bronze ajudou o Brasil a ser o país número um da vela naqueles Jogos Olímpicos. Na Star, ainda ganhamos o ouro tão esperado de Torben e Marcelo. Na Laser, o triunfo de Robert Scheidt. Nesse momento, o Brasil se tornava o país líder na vela mundial. Ganhamos dos espanhóis, que tinham o príncipe Felipe (hoje rei Felipe) como padrinho da equipe e atleta da classe Soling, e dos americanos, competindo em casa, com dinheiro e muitos velejadores de alto rendimento.

Em termos de resiliência, esse foi o episódio que me deu capacidade de acreditar no meu talento, na minha capacidade de superar fatalidades maiores. Esse foi o episódio, até então, mais importante de superação. De estar por baixo e lutar para voltar a estar por cima. Cair e subir de novo.

CAPÍTULO 2

LAÇOS E HERANÇAS

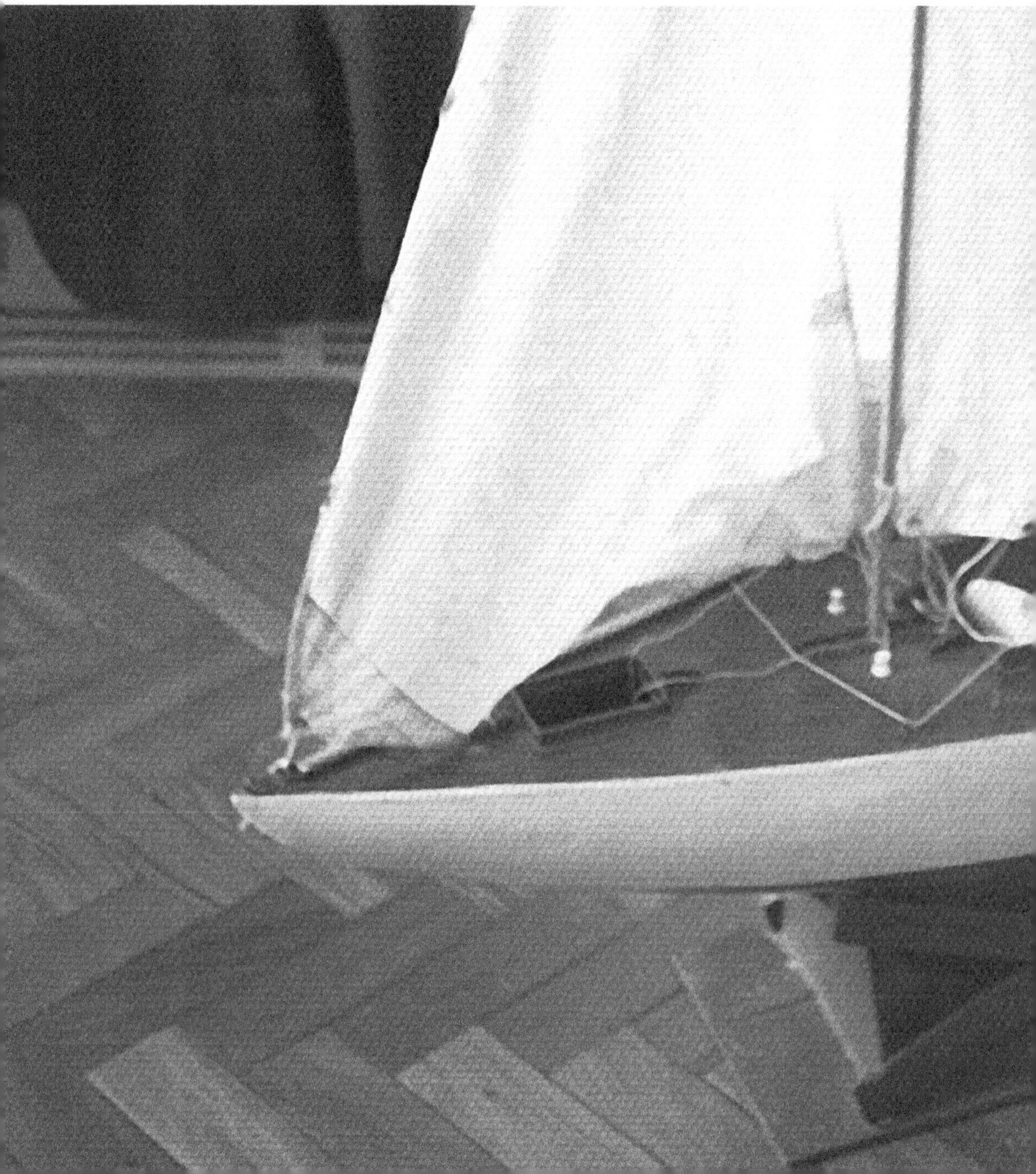

No alojamento dos Jogos de Atlanta, no interior da vila olímpica, arrumava minhas coisas para retornar ao Brasil.

Finalmente sentia tranquilidade depois do redemoinho de emoções vividas nesses Jogos Olímpicos. Enquanto preparava a mala, recordava a minha trajetória até a segunda medalha olímpica.

Pensava especialmente em como a minha vida seguira um rumo bastante diferente. Sorria, examinava a medalha e lembrava minha primeira competição oficial, que eu havia perdido, chegando ao ponto de usar uma cenoura (sim, uma cenoura!) para tapar buracos de nossa embarcação improvisada. E assim fui retrocedendo cada vez mais no tempo. Até chegar ao convívio de meu avô materno, Preben.

A cultura da vela em minha família veio dele. Era descendente dos vikings dinamarqueses, por vezes rude, mas outras muito carinhoso, sobretudo com os netos.

Meu pai era militar e por isso éramos deslocados para suas funções em cidades de diversos estados, como Osasco, São Paulo, Uruguaiana, no Rio Grande do Sul, e Brasília. Quando isso acontecia, nosso avô visitava a gente pelo menos três vezes ao ano e fazia questão de passar algumas semanas.

O vô Preben era engenheiro de profissão, conviveu com o doutor Emílio Odebrecht e dedicava-se a grandes obras de concretagem sobre água. Veio ao Brasil para fazer uma única obra em Cabo Frio, em 1924. Apaixonou-se pelo país e por aqui ficou até falecer, em 1977. Foi por intermédio dele que meus tios tiveram acesso à vela. O mesmo aconteceu com os netos, que desde pequenininhos eram levados ao barco por ele para criarem intimidade com o mar.

Quando velejava, não era mais aquele avô bonzinho. Com o sotaque pesado – nunca aprendeu a falar a palavra "Roraima" corretamente, por exemplo –, ficava sempre nos orientando para estarmos atentos à natureza, à segurança, à navegação, aos pássaros, à regulagem da vela. Se a gente fizesse algo errado, vinha uma bronca daquelas.

– Fica atento, bobalhão.

Se isso não adiantasse, ele ainda nos dava um tapa e fazia com que nos afastássemos. Mas logo ficava bonzinho de novo.

Quando terminava a velejada, dizia para a gente ir ao bar do clube pedir o que quiséssemos. No começo, era mais por causa do sundae com marshmallow que íamos velejar. Na verdade, o que a gente queria mesmo era brincar com a molecada no clube. Mas foi uma tática que funcionou.

Quando morávamos em Uruguaiana as condições do rio Uruguai impediam a prática da vela, então ele fazia uns barquinhos em miniatura para a gente, com os detalhes do leme, da quilha, da vela. Vivíamos pedindo que meu pai nos levasse a qualquer tipo de açude por lá. Dentro do quartel que meu pai comandava, havia um tanque, um lago mais ou menos grande, onde fazíamos nossas regatas com os barquinhos de modelo enquanto ele trabalhava. Quando o vovô nos visitava, ele ia junto, ficava nos orientando sobre como regular as velas, os mastros, o leme. Era assim que nosso avô trabalhava para preservar nosso contato com o mundo da vela.

Trocamos Uruguaiana por Brasília em dezembro de 1972. Lá podíamos velejar no lago Paranoá. Meu avô presenteou o Torben e meu outro irmão, Axel, com um barco de madeira da classe Snipe, antigo, obsoleto, mas, enfim, o único que ele podia comprar. Para mim, ele adquiriu um Pinguim, barco de iniciação, também usado, que ficava em Niterói para brincarmos nas férias.

Era a repetição da fórmula que deu certo com seus dois filhos, os tricampeões mundiais e velejadores olímpicos Erik e Axel Schmidt.

Mas meu pai via a vela com desconfiança.

– Gente, me desculpem, é esporte de elite, e eu não posso pagar. Além do mais, sempre vamos morar em lugares diferentes, que não têm acesso à vela.

Quando meus irmãos insistiam (eu tinha só sete anos naquela época) com um "ah, pai", ele levantava outros argumentos.

– Sou um servidor público, ganho um salário limitado. E vocês vão querer praticar vela? – colocava um fim (temporário) à discussão.

Em seguida nos aconselhava a ir procurar algum outro esporte no colégio: futebol, handebol etc.

Como o vô Preben aguçava nossa curiosidade! Para nós, nossos tios eram heróis por terem sido atletas olímpicos nos Jogos do México, em 1968, e de Munique, em 1972, ouro e prata em Panamericanos e tricampeões mundiais.

Foram eles, aliás, que sem saber abriram as portas do Iate Clube de Brasília para nós. Um dia fomos lá e nos apresentamos:

– Somos sobrinhos do Erik e do Axel Schmidt.

Nosso interlocutor nos olhou, nos mediu e com um sorriso respondeu:

– Então vocês devem ser bons de vela, não?

Foi assim que entramos para a escolinha, em 1973. Viramos tripulantes das embarcações de lá.

No ano seguinte, julgávamos já estar prontos para disputar os Jogos Estudantis Brasileiros (JEB's), que no período militar tinham muito status.

Aos dez anos e com apenas um de prática, eu ainda tinha o físico muito franzino. Mas como a embarcação da classe Pinguim pede uma dupla leve, decidimos representar o Distrito Federal. Das duas vagas, uma ficou com o meu irmão Torben e um amigo, o Mario Ramos, e a outra comigo, proeiro, e o meu irmão Axel, timoneiro. Saímos de Brasília com muito orgulho de representá-la.

No meio da viagem, o caminhão que transportava nossos barcos e os cavalos da prova de hipismo quebrou. Fomos de ônibus para Campinas junto com a minha mãe, chefe de delegação da vela. Quando chegamos, recebemos uma notícia devastadora.

– Olha, os barcos de vocês não vão chegar. O caminhão não teve conserto – informou um funcionário da organização.

– Como é que vamos competir, então? – perguntamos a ele.

O funcionário deu de ombros.

Mesmo assim, fomos para Americana, cidade vizinha que sediaria a disputa de vela na poluída represa de Salto Grande. Encontramos os representantes dos outros estados com seus barcos, os atletas treinando.

A organização mandou nos chamar e ficamos animados. Será que nossos barcos, enfim, chegariam? O que encontramos foram dois barcos da classe Pinguim, bem velhos, que haviam sido jogados fora.

– Se quiserem, arrumem esses barcos aí. É o que tem – orientou o funcionário, dando as costas. Faltavam apenas quatro dias para a competição.

Examinamos as embarcações e percebemos que os componentes estavam podres. Fomos comprar durepoxi para tapar os buraquinhos do barco. Nossos adversários de outros estados, que tinham material sobressalente, se compadeceram de nossa situação e foram emprestando vela, mastro etc. Fomos montando nossas embarcações de qualquer jeito. Sabíamos que não íamos ganhar, mas trabalhávamos duro na esperança de conseguir ao menos um bom resultado.

No dia da competição, ao posicionar nossa embarcação, percebemos que ela ainda tinha furos, por onde entrava água. Em pânico, Axel e eu entramos correndo no refeitório, pegamos uma cenoura e enfiamos em um dos buracos do barco para tentar vedá-lo.

Durante a competição, a primeira da minha carreira, nosso barco foi desmanchando. E foi assim que acabou nossa participação. O Torben foi um pouco melhor: chegou em penúltimo.

O engraçado é que, décadas depois, durante um evento no qual participávamos eu e o Bernard Rajzman, do vôlei, ele se lembrou daqueles JEB's. Depois de carregar a tocha na cerimônia de abertura dos JEB's, na pista de atletismo do Sesi de Taguatinga, ele aproveitou o discurso para brincar comigo:

– Participei representando o Rio no vôlei e fui campeão. Já o meu amigo aqui, o Lars, ficou em último – disse, provocando risos do público.

O que ele quis mostrar foi que, embora nós dois tenhamos experimentado resultados opostos em nossa competição de estreia, estávamos lá agora os dois reunidos, ambos com experiências diferentes, mas ao mesmo tempo semelhantes, de sucesso.

Agora acho até graça, mas, na época, após minha decepcionante participação nos JEB's, quase larguei a vela de vez. Naquele momento, praticamente conseguia ver e ouvir meu pai falando:

– Vela é coisa para gente rica. Não falei? Não temos dinheiro para isso.

Quando voltamos de Americana, eu ainda muito novinho, voltei minha atenção ao tênis e a curtir minha adolescência.

De temperamento mais forte, Torben, que ficara mordido com o mico que a gente pagou nesses JEB's, buscava qualquer oportunidade na rampa do Iate Clube de Brasília, velejando em um barco ou outro.

Meus irmãos começaram a competir na classe Snipe, inicialmente com o Axel no leme, por ser mais velho, mas logo, por sugestão do

Torben, que desde aquela época já era melhor velejador, inverteram as posições. Juntos, disputaram em 1975 sua primeira competição, o Campeonato Brasileiro, em São Paulo, dividido em duas flotilhas: a ouro, da qual participavam os velejadores com os melhores resultados na fase classificatória, e a prata, disputada pela outra metade, incluindo meus irmãos.

Apesar de os primeiros resultados não terem sido bons, Torben foi crescendo no esporte e foi campeão mundial júnior em San Diego, na Califórnia, em 1978. O tênis no Iate Clube, por uma coincidência, era praticado ao lado do galpão onde ficavam os barcos da vela, então eu acompanhava, de longe, meus irmãos praticando. Acabou que aos poucos recuperei a vontade de velejar.

Chegou uma hora em que o Axel foi morar no Rio, onde estudou Engenharia Florestal, a partir de 1978. Foi bom porque ele prestou apoio a minha avó Helene, que perdera meu avô Preben um ano antes.

Nessa mesma época, Torben decidiu viver do vento e da vela, mas percebeu que Brasília oferecia condições limitadas de crescimento como atleta e foi morar, de 1978 para 1979, em Niterói, onde também viviam nossos tios, expoentes da vela nacional e internacional.

Como seu proeiro na época, o Eduardo Mascarenhas, com quem foi campeão brasileiro e júnior, ficou em Brasília, vi uma oportunidade e fui conversar com o meu pai.

– Pai, pode falar?

– O que é?

– Sabe o que é, queria ir morar em Niterói com o Torben e o Axel – propus, do alto dos meus quinze anos.

– Como assim? Você é muito novo!

– Assim os irmãos ficam todos juntos. Sempre vai ter um neto para ajudar a vó. O que acha?

Minha lógica o convenceu. Em poucas semanas me juntei a meus irmãos em Niterói.

Porém, dobrar o Torben já era outra coisa. Como irmão mais novo e mero iniciante, ele não me dava espaço para competir a seu lado. Para agravar a situação, lembrava-se muito bem daquelas picuinhas de irmão quando morávamos com nossos pais. Eram desde brigas por brinquedos a alguém aprontar alguma em casa e colocar a culpa no mais novo, passando pelos ciúmes naturais entre irmãos.

Com isso, ia de manhã para a escola fazer o fundamental e passava as tardes arquitetando estratégias para convencê-lo a me dar uma chance.

Quando meu pai ligava para saber como estavam as coisas, era sempre o mesmo papo:

– Ah, pai... Será que dá para você convencer o Torben a me deixar velejar com ele?

– Já falei com ele, Lars.

– Pai, e se você ameaçar cortar a mesada dele?

– Já fiz isso, Lars...

O Torben achava que eu era imaturo e leve para velejar. Três anos nos separam, mas o que hoje parece pouco, naquela época significava que eu era apenas um garoto, enquanto o Torben já tinha até carteira de motorista. O que não me impedia de tentar:

– Torben, tudo bem? Você precisando, estou disponível, viu? Como a gente mora junto e somos irmãos, acho que tem até mais sintonia...

No dia seguinte, eu me encontrava sentado na marina, olhando o Torben praticar à distância. Meu irmão mostrava-se, aparentemente, insensível aos meus apelos. Para melhorar o clima entre a gente, passei a evitar qualquer tipo de desentendimento e me mostrei mais prestativo.

Uma das maiores qualidades de meu irmão, que mais tarde lhe garantiu sucesso na carreira, começou a trabalhar a meu favor. Por ser extremamente exigente, detalhista e perfeccionista, muitas vezes brigava com sua tripulação e tinha de trocar de proeiro.

Foi depois de uns três meses de insistência que finalmente surgiu uma oportunidade. Em uma regata inexpressiva do calendário do Rio, daquelas que duram apenas o fim de semana, Torben e seu proeiro chegaram a andar bem, mas cometeram erros, perderam a liderança, e ele voltou desanimado para casa aquele sábado. Fiquei com a impressão de que tinha brigado com o proeiro. Como não tinha nada para fazer no dia seguinte, resolvi ir à regata.

Quando cheguei, encontrei Torben nervoso: o proeiro não havia aparecido. Os outros competidores já estavam começando a posicionar suas embarcações e nem sinal dele. Criei coragem e fui falar com meu irmão:

– Torben, não adianta procurar. Não sobrou ninguém. Me leva, cara.

– O quê??

– É. O máximo que pode acontecer é não dar certo.

– Então tá. Vamos ver no que vai dar.

Foi assim que, meio sem acreditar se valia a pena me levar, ele concordou. A gente não fazia um bom desempenho. Para piorar, quando o barco deu uma balançada, me choquei com a bolina – chapa de metal no centro do barco –, perdi o equilíbrio e, quando nos chocamos com uma onda, bati meu joelho ali. Foi um corte feio, sangrava muito. A água salgada molhava o ferimento, aumentando a dor. E eu só pensava que não podia desapontar meu irmão. Fingi que não estava doendo para mostrar que estava lá com bravura e coragem. Dei um sorrisinho na direção dele. Torben, por sua vez, quando viu a embarcação toda suja de sangue, fez uma careta de nojo. Comecei a pensar que havia desperdiçado minha chance.

Nesse momento, o vento mudou de intensidade e direção e vencemos a regata. Sabia que tinha sido mais sorte do que competência, mas não deixei passar em branco.

– Viu que parceria de sorte?

Como o resultado não vinha há tempos para o Torben, aquela vitória me deu uma sobrevida. Começamos a treinar juntos, até por uma questão de conveniência, já que a maioria dos jovens passava as tardes estudando e não estava disponível para os treinos. Mas ele impôs uma condição:

– Você é muito leve, vai ganhar peso.

Entrei em um regime de engorda, comendo que nem um condenado e começamos a treinar em um ritmo frenético. Ainda assim ele não garantiu que eu seria seu proeiro e impôs uma meta: uma vitória na Taça Weytingh & Cie, competição tradicional na classe Snipe, que acontecia anualmente no Iate Clube Jardim Guanabara, no Rio.

– Se a gente ganhar a Taça Weytingh & Cie, você vira meu proeiro.

Disputamos a taça no início de 1980. O vento estava muito forte. A baía de Guanabara já era bastante poluída, e a aventura me rendeu uma infecção que se alastrou pela minha perna, ficando cheia de pus. Tive que raspar os pelos e passar pomada cicatrizante. Só que o mais importante foi que vencemos a competição e consolidei minha posição de proeiro. Nosso próximo desafio seria o Campeonato Brasileiro de Snipe, em Maceió.

Engana-se quem imagina que nossa embarcação era despachada de avião. Rebocamos o barco até a capital alagoana em um Opala 1970 dos nossos pais. O carro estava bem enferrujado, especialmente por ser usado para reboque e ficar próximo ao mar. Era pleno verão, janeiro de 1980, o veículo tinha um problema na bomba d'água, e, pelo esforço, fervia nas subidas. Já andávamos prevenidos: levávamos galões de água no porta-malas do carro. Quando isso acontecia – e acontecia muito –, a gente abria a tampa com um pano úmido para sair o vapor, colocava a água e esperava um pouco até seguir viagem.

Levamos quatro dias para chegar a Maceió. Quando passamos por um posto da polícia rodoviária na Bahia, e os guardas viram o carro com a placa do Rio, um barco atrás e dois "playboyzinhos ricos", mandaram-nos parar. De lanterna em punho, revistaram o Opala. Não acharam droga, mas quando ele meteu a mão sob o banco do motorista, achou um embrulho de flanela. Ao abri-lo, encontrou uma arma.

Minha cabeça voltou ao momento em que nos preparávamos para a viagem. Aquela era a época do regime militar. Meu pai, coronel do exército, ensinara os filhos a atirar por segurança desde pequenos e insistiu que levássemos o revólver na viagem, contra a nossa vontade.

– Pai, isso não vai ajudar em nada se acontecer alguma coisa. Não vou atirar em ninguém – argumentou Torben. Acenei a cabeça como que concordando com ele.

– Ensinei vocês a atirar para defesa pessoal. Só vão usar em caso de situação extrema – ecoava sua resposta na minha cabeça.

Um grito do policial me fez voltar à realidade.

– Vocês disseram que não tinham arma, estão presos por mentir para uma autoridade policial e por porte ilegal.

– Mas é que nosso pai... – disse o Torben.

– É, ele que insistiu. Se a gente ligar para ele...

– Que pai o caramba! Vocês estão presos! Vamos lá no carro procurar drogas. Se a gente encontrar, vocês estão encrencados...

– Mas espera aí, então eu quero um advogado – disse Torben.

– Advogado, não. Aqui, a Justiça sou eu!

Torben e eu olhamos um para a cara do outro. Estávamos com medo de como aquilo iria terminar. Àquela altura, temíamos que "plantassem" algo no carro.

Sem sabermos, ao revistar novamente o carro, os policiais acharam uma carta do meu pai no porta-luvas, com cópia de seu documento do Ministério do Exército:

"A quem interessar possa: Informo que neste carro há uma arma de minha propriedade, usada em defesa de meus filhos, que são preparados para isso. Assumo total responsabilidade, qualquer coisa ligue no número..."

O policial passou a carta para seu superior, um sargento que também estava de plantão.

Estávamos esperando, sentados no chão do quartinho onde tinham nos trancado, quando o policial chegou. Temíamos ouvir mais broncas, ou até algo pior. Quando ele abriu a porta, usou a flanelinha para polir o revólver, recolocou as balas, nos devolveu a arma e perguntou:

– Aham. Vocês querem um cafezinho?

Estranhamos seu comportamento. Só bem depois deduziríamos que haviam descoberto quem era nosso pai e ficaram com medo de, como policiais rodoviários, tornarem-se vítimas da truculência dos militares.

– Vocês estão liberados. Aliás, vou ligar para os postos de polícia na rodovia pedindo proteção a vocês dois. – disse, sorrindo.

Coitado, nunca tinha sido nossa intenção abusar do poder ou tomar vantagem de quem nosso pai era. Tanto que brigamos com ele na volta. Sei que viajar com arma, nunca mais.

Finalmente chegamos a Maceió, e fomos encaminhados ao estádio de futebol Rei Pelé, onde ficavam os velejadores sem teto. Era um lugar distante do mar, sujo, desconfortável. Vimos que não dava para ficar ali e nos levaram para a sede da Federação Alagoana de Vela, à beira do mar, próxima ao porto.

Lá tínhamos um cubículo para dormir, quente e cheio de mosquitos. Então, decidimos nos acomodar ao relento, nas mesas, pois ventava à noite e ficava fresquinho.

Ao final da semana da competição, uma alegria: fomos campeões. Esse era o primeiro título sênior meu e do Torben. A gente se abraçava e se beijava em comemoração. Foi um dia especial.

Voltamos com muito gás. Velejávamos todo santo dia, fosse calmaria ou vento forte, sol ou chuva, frio ou calor.

O Torben começou a me ajudar muito no dia a dia. Fosse me levar para algum lugar, já que ele dirigia e eu não, fosse ajudando quando comecei minha trajetória de vela olímpica separado dele, dando dicas, ajudando na preparação do barco. No ano seguinte, fomos bicampeões brasileiros de Snipe, na mesma temporada em que ele fez algo inédito, sagrando-se pentacampeão nacional no ano em cinco categorias diferentes.

Apesar de nosso sucesso na Snipe, os olhos dele já miravam os Jogos Olímpicos de Los Angeles, já que ele havia disputado a seletiva para os Jogos de Moscou, em 1980, na Soling, e ficado em terceiro. Era evidente que os Jogos Olímpicos eram sua maior meta. Formou uma equipe vinculada ao Iate Clube do Rio, com gente muito gabaritada, e eu fiquei a ver navios... Ele começou a investir seu tempo e energia no projeto olímpico.

Pouco depois, fiquei próximo do meu primo, o Glenn Haynes, nascido em São Paulo, educado na França e na Inglaterra, cujos pais deixaram uma herança ao morrer. Ele quis ficar perto do que restara de sua família e foi morar em Niterói. Convenci o Glenn a velejar, mas ele é que decidiu a classe do barco: Tornado.

Confesso que no início não estava entusiasmado. Não tinha nada a ver com catamarã, mas era o que sobrava para mim. Aos poucos, percebi que o Tornado é um barco espetacular, um bólido de velocidade, e muito tecnológico. Comecei a velejar com Glenn na mesma época em que eu e o Torben ainda competíamos de Snipe, classe na qual, em 1981, fomos campeões brasileiros e disputamos o Mundial em Long Beach, na Califórnia.

A Confederação Brasileira de Vela e Motor, à época, era comandada por um militar, o almirante Dantas Torres, que conseguiu transportar os barcos de avião para lá em uma linha da Força Aérea Brasileira. Quando chegamos à base aérea do Galeão, o barco classificado em segundo lugar embarcou no Hércules da FAB, mas não o nosso, que fora primeiro na classificatória.

– Seu barco está proibido de embarcar – informou, estoico, um sub-oficial da aeronáutica.

O sistema de informações detectou que aquele era o barco dos filhos do coronel Dickson Grael. Embora meu pai tenha sido do grupo que tomou o Forte de Copacabana em 1964, ele se voltou contra o regime militar à medida que viu o Brasil caminhar para uma ditadura. Ele fora voluntário na Segunda Guerra Mundial, mas como era muito jovem o mandaram para a base da marinha americana em Natal, onde aprendeu a operar bateria antiaérea. Acabou homenageado pelo presidente Franklin Delano Roosevelt, foi precursor do paraquedismo militar no Brasil, comandou a brigada paraquedista do Rio e chegou a servir a Presidência. Mas teve posições marcantes, fez parte do Movimento de Resistência Democrático, o MRD, escreveu um livro de denúncias e afastou-se do meio militar até abandonar a carreira por causa de um acidente.

Em meio à discussão no Galeão, liguei para o meu pai do orelhão:

– Pai, estávamos embarcando nosso Snipe quando veio uma ordem, disseram que de Brasília, proibindo nosso barco de entrar.

– Isso é represália contra mim – respondeu meu pai, tenso, após um breve momento de silêncio.

Poucas vezes o vi tão furioso. O que eu não sabia é que ele passou as próximas horas ligando para vários oficiais do exército com quem nunca tivera contato, inclusive para o brigadeiro Délio Jardim de Mattos, ministro da Aeronáutica. Argumentou que estavam prejudicando seus filhos por causa dele.

– Se querem me destruir, que o façam. Mas meus filhos não têm nada a ver com isso.

Acabaram aceitando que o barco entrasse. Desembarcamos em Washington, alugamos um carro, colocamos um engate e rebocamos os dois barcos. Atravessamos os Estados Unidos em diagonal. Ao chegarmos a Long Beach, Torben estava lá para nos receber. Ao retirarmos a capa do barco para fazer a montagem, tivemos uma surpresa.

– Mas... o que é isso? – perguntou Torben, enquanto constatávamos que as madeiras dos barcos estavam todas abertas.

Quando passamos pelo deserto de Mojave, certamente as temperaturas que beiram os 50°C e a umidade relativa do ar baixa fizeram o estrago. Tentei argumentar para o Torben que era impossível perceber o que estava acontecendo com os barcos encapados. Não adiantou nada, meu irmão me xingava cuspindo marimbondo.

– Você tinha que se tocar que esse calor absurdo ia estragar o barco. O que você deveria ter feito era ter parado em cada posto de gasolina, pegado uma mangueira e umedecido a madeira para impedir que ela ressecasse. Agora olha lá, o barco está todo aberto.

Em vez de treinar, passamos os primeiros dias aplicando massa plástica no barco para fechar as fendas. E a cada dia que velejávamos, as tábuas iam se aproximando e expulsando a massa. Então tínhamos de tirar o mastro, virar o barco e lixar. Terminamos o Mundial em terceiro, o que deixou evidente para o Torben que sua prioridade deveria mesmo ser a campanha olímpica. Da minha parte, comecei a me dedicar à Tornado.

Em 1983, uma surpresa. Após não termos velejado juntos em momento algum no ano anterior, às vésperas do Brasileiro da Snipe, que dava duas vagas para o Mundial, o Torben me convenceu a revivermos uma vez mais nossa parceria, com aquele entusiasmo contagiante que é uma de suas principais características. Chegamos em segundo e nos garantimos no Mundial de Portugal.

Foi estranha aquela participação. O Torben, 100% focado na campanha de Soling; eu, 100% concentrado na Tornado. Até questionamos se valia realmente a pena disputar o Mundial, já que estávamos fora do peso, cada um buscando o ideal para sua classe. Gastaríamos tempo, dinheiro, prestígio numa campanha para a qual não estávamos mais treinando.

Na reta final, conseguimos colocar nosso barco num navio da companhia de navegação Lachmann, de um dinamarquês amigo do nosso avô. Era aquele mesmo barco do Mundial de Long Beach. O Walmir do Iate Clube, sempre prestativo, havia se dedicado por um mês a pintá-lo todo de novo, passando várias demãos com pincel de seda. Qualquer imperfeição, ele fazia questão de repintar. Quando desembarcamos e retiramos a cobertura, ele estava todo rachado de novo.

Desta vez, Torben nem falou nada. Só cobriu o rosto com as mãos ao mesmo tempo em que deixava transparecer uma expressão de irritação. Como não foi cobrado frete, eles o acomodaram bem próximo à chaminé, um local muito quente. Passamos um tempão reparando o barco.

Quando começou o Mundial, ficou óbvio que não éramos competitivos. O peso ideal para Snipe naquele época era 140 quilos e estávamos com 156. "Pô, que saco, o que a gente está fazendo aqui? Em vez de treinar para a campanha olímpica, viemos correr este Mundial... Para quê?", pensava.

Estava preocupado porque, diferente do Torben, que já tinha um favoritismo na Soling, eu ainda tinha à frente o Alex Welter, então campeão olímpico que representava o Brasil. Quando fui campeão nacional em 1982 na Tornado, ele não tinha participado. Havia essa sombra, mas pelo menos eu estava ficando mais competitivo.

O Mundial de Portugal foi uma competição que não levamos tão a sério – até arrumei uma namorada no meio da competição. Na reta final, porém, chegamos ao título. Foi a coroação daquela parceria que chegava ao fim. Cada um seguiu seu caminho, mas como irmãos estávamos mais próximos do que nunca... e a vela foi a grande responsável. O Torben se manteve um grande amigo, com aquele olhar de irmão mais velho, importante para mim como referência dentro da vela, e ainda mais presente fora das competições, quando mais precisei dele.

Confirmando os prognósticos, Torben chegou à primeira medalha olímpica já no ano seguinte. Felizmente estava lá para assistir sua conquista e ao mesmo tempo cumpri um objetivo que havia imposto para mim: participar de uma edição dos Jogos. Foi duro, eu e Glenn tivemos de enfrentar meu xará Lars Sigurd Björkström e Alexandre Welter, dupla que fora ouro nos Jogos Olímpicos de Moscou, em 1980, mas obtivemos nossa passagem para os Jogos nos Estados Unidos.

Aos vinte anos, terminamos em sétimo nos Jogos Olímpicos. Cumprida a meta de participar de uma edição dos Jogos, o próximo objetivo era a medalha.

Tive que esperar um pouco mais que o Torben.

Nossa campanha classificatória, minha e do Clínio Freitas, foi marcada pelas dificuldades financeiras. Em um paralelo com o que aconteceu naqueles JEB's, apesar de já ser um atleta olímpico, vi nossa embarcação praticamente se despedaçar durante a competição. Uma hora era a vela que descia e a gente não conseguia correr uma das provas, no outro dia era a vez de o leme se partir e, quando não era isso, o travessão da frente do barco quebrava e velejávamos com os dois cascos presos só pela lona que os unia. Mas conseguimos ir aos Jogos Olímpicos de Seul, de onde voltamos com o bronze na classe Tornado.

Também recordei momentos amargos, que serviram de lição, como aqueles na campanha em Barcelona, em 1992, em que chegamos como favoritos, após amealhar vitórias nas principais regatas que a antecederam, para voltar ao Brasil de mãos vazias... Aquilo ainda me doía.

Felizmente despertei de meus devaneios com som de batidas na porta do alojamento, meu lar na campanha dos Jogos de Atlanta, em 1996. Estava me sentindo bem, revigorado, decidido a voltar às raias olímpicas. Aquela medalha olímpica havia renovado meu espírito.

CAPÍTULO 3

ESPIRITUALIDADE

O retorno ao Brasil após os Jogos Olímpicos de Atlanta foi marcado por uma grande festa. Ao desembarcarmos no aeroporto do Galeão, encontramos, além dos familiares, amigos e pessoal do meio da vela, cerca de duzentas pessoas que foram nos recepcionar. Reencontrei a Renata, que havia descoberto a gravidez do nosso primeiro filho, o Nicholas, no dia do embarque para Atlanta. Uma carreata nos acompanhou desde o aeroporto. Fiquei surpreso e, ao mesmo tempo, feliz.

Quando chegamos à praça do pedágio, na ponte Rio-Niterói, nos deparamos com um carro de bombeiros. O prefeito de Niterói à época, João Sampaio, estava lá e nos informou que desfilaríamos pela cidade. Podia ouvir as pessoas gritando "parabéns", "eu te amo" ou "estamos orgulhosos". Apesar de já termos ganhado medalhas olímpicas em outras edições dos Jogos, essa foi a primeira vez que a delegação era recebida dessa maneira.

Quando você é campeão mundial de vela, título tecnicamente tão importante quanto um olímpico, há o reconhecimento dentro da comunidade da modalidade mas não da população brasileira. Quando publicam nos jornais sobre uma medalha em Mundial, geralmente é um texto pequeno. No caso dos Jogos Olímpicos é diferente. Sua magia é a popularidade. Você percebe que seu esforço, seu plano de vida de quatro, oito, doze, vinte anos, vai ser recompensado com o reconhecimento nacional. Neste caso, não importa se a medalha veio do futebol, que é a paixão nacional, ou da ginástica, pentatlo moderno e vela. As medalhas são celebradas em proporções parecidas, pois você mexeu com a autoestima das pessoas. Acho essa a maior das recompensas.

Quando estava subindo no carro de bombeiros, fiquei preocupado não com a altura, mas porque lembrei que era uma manhã de segunda-feira, justamente no horário em que as pessoas vão para o trabalho e levam os filhos para a escola. Além do carro de bombeiros, os veículos que já nos acompanhavam desde o Rio prosseguiriam a carreata, que passaria, entre outros locais, pela Amaral Peixoto, a avenida de escritórios e comércio da cidade, e por Icaraí, bairro mais populoso de classe média alta. O trânsito ficaria um inferno. Fiquei apreensivo e um pouco constrangido ao imaginar a reação da população, xingando ou jogando objetos em nossa direção.

Eu não poderia estar mais errado. Logo nos primeiros metros, o carro de bombeiros já tinha virado, sim, alvo, mas de papel picado. Quem buzinava não o fazia como protesto, mas saudando. Do alto do prédio, umas moças gritavam "lindoooo, eu te amo". Até que chegamos ao Rio Iate Clube, nosso clube de coração, onde houve uma grande festa, como quase sempre, regada com muita cerveja no final.

Para alguns, a festa nunca termina. Foi assim com o Kiko, meu proeiro. Dois meses depois de Atlanta, após termos completado toda a agenda de cerimônias e entrevistas, chamei meu cunhado para discutirmos o próximo ciclo até os Jogos Olímpicos de Sydney, em 2000.

– Kiko, estou mais animado do que nunca. Se com uma campanha precária a gente ganhou o bronze, agora que a gente está entrosado... Não podemos perder tempo, a primeira...

O Kiko me interrompeu no momento em que ia mostrar a ele a programação de 1997.

– Lars, olha, não vai dar...

– Não vai dar?

– Não vou participar.

– Cara, precisamos voltar a velejar, e rápido, senão vamos perder o ritmo.

– Não quero, Lars. Não vai ser comigo.

Naquela época, o Kiko estava muito envolvido com uma namorada, e embevecido com o sucesso da medalha recente. Como marinheiro, é um velejador de talento inigualável. Mas já não sentia a mesma empolgação para a gente continuar. Fiquei decepcionado, meu ciclo olímpico teria início sem um proeiro. Não me deixei abater, a campanha que fizemos em Atlanta me animou e deu visibilidade à nossa modalidade. Sabia que coisas boas estavam por vir.

Uma semente que o Torben e eu plantamos antes de embarcar para os Jogos Olímpicos e que agora precisávamos "regar" era a de um projeto para ensinar jovens de comunidades carentes a velejar. Uma semana antes de viajarmos para os Estados Unidos, o prefeito nos convidou para almoçar na churrascaria Porcão, de Niterói. Lembro cada uma das palavras de nossa conversa.

– Se voltarem com medalhas, quero fazer uma grande festa em homenagem a vocês.

Foi o Torben que tomou a iniciativa.

– Se acontecer de a gente ganhar medalha, um de nós dois, ou quem sabe até nós dois, a gente queria mais que uma homenagem.

Curioso, o prefeito se acomodou na cadeira. Completei:

– A gente queria apresentar o esporte para jovens de Niterói, que nascem no morro olhando para o mar, veem as velinhas, sabem que sua cidade tem vocação para esse esporte, já que há seis clubes de vela ativos, com escolinhas proporcionando conhecimento a seus associados, mas não têm acesso. O que a gente queria era democratizar a prática.

O prefeito olhou para mim, para o Torben, para mim de novo, parou para pensar, pôs a mão no queixo, bateu na mesa e...

– Boa ideia!

Nunca me esqueci desse episódio. Após nossa chegada, uma das primeiras coisas que fizemos foi procurar o prefeito, Jorge Roberto Silveira. Já imaginava a garotada colhendo frutos dessa escolinha.

Em paralelo ao projeto, em vez de me preocupar só com meu desempenho, aceitei o desafio de popularizar a classe Tornado no Brasil. Pensei em multiplicar o conhecimento e criar adversários para a gente. Como não podíamos passar o ano inteiro no exterior, já que não tinha quem bancasse isso, a solução era aumentar o nível técnico no Brasil, criar rivais caseiros que pudessem pressionar a elite a buscar melhores resultados. Assumi a presidência da Associação Brasileira da Classe Tornado. Esse grupo poderia muito bem ser a estufa do futuro da vela nacional.

A associação nasceu com um poderoso mecenas, o banqueiro gaúcho Roger Wright, meu grande amigo que tanto havia me incentivado a competir na Tornado e, nesse momento, que velejava nessa classe em Búzios. Nos anos 1980, quando nos conhecemos, ele velejava em um Hobie Cat, um tipo de catamarã. Morava em Porto Alegre e alugou uma casa em Búzios, onde eu treinava. Disse para um conhecido em comum que queria me conhecer. Fui almoçar com ele e começou nossa amizade. Aliás, me lembro bem daquele almoço. Servi-me de pimenta achando que era molho a campanha. Só de pensar, minha boca arde até hoje.

Na associação, Roger não ficou só na retórica. Comprou doze barcos do melhor fornecedor de embarcações da classe Tornado, a Marstron, da Suécia. Fiquei com um, ele com outro, e pediu que eu fizesse uma lista de quem tinha potencial o suficiente para ser o futuro da classe. Eles seriam os clientes preferenciais para os demais barcos, que seriam vendidos de forma parecida a um consórcio, com pagamentos a prazo mediante notas promissórias.

Mas o Roger, com sua mentalidade de banqueiro, me alertou:

– Ó, mas eu não quero saber de calotes, hein?

Quando percebia que alguém havia deixado de pagar, eu mesmo ligava para cobrar.

Como se não faltassem atividades que me mantivessem ocupado, naquele período o Brasil também garantiu o Mundial de Tornado, marcado para Búzios, dois anos depois, em 1998. Era a primeira vez que uma competição desse tipo vinha para a América do Sul. Logo acumulei mais uma função: organizador do Mundial.

Ao mesmo tempo, ainda estava à procura de um proeiro. Passei dias pensando, conversei com algumas pessoas, fiz umas pesquisas e, no fim, percebi que a solução para esse problema estava todo o tempo debaixo do meu nariz. Me dei conta que o Anders, meu primo, filho do tio Axel, que sempre foi uma referência para mim, tinha o biótipo ideal: mais alto que o Kiko e talvez fisicamente até mais forte. Ele havia participado de quatro campeonatos brasileiros da classe Snipe, com quatro timoneiros diferentes, sendo duas vezes campeão outras duas vice. Ou seja, os timoneiros eram as variáveis, e a constante, ele. Sem perspectiva na vela, Anders vinha se dedicando à biologia marinha. Quando fui conversar com ele sobre a perspectiva de participar de uma campanha olímpica, ele não hesitou:

– Eu topo! Quando começamos?

Anders e eu participamos de regatas internacionais em 1997. Minha meta de médio prazo era o Mundial de Búzios. Para mim, seria muito especial vencer aquela competição.

Ao lado do Anders, fui campeão brasileiro e sul-americano. Vencemos também a pré-olímpica nacional e o Estadual do Rio. E até patrocinadores, algo tão escasso em nossa rotina, começavam a surgir.

O convívio com a família estava ótimo. Quando você está sem dinheiro, ou endividado, não vê sustentabilidade em manter uma família vivendo de uma campanha esportiva. É um desespero. A instabilidade faz o atleta desistir do esporte e buscar outro caminho, ou viver do esporte com campanhas caça-níquel. Você não se sente com estrutura para se dedicar inteiramente à competição, aos treinos. No meu caso, nas campanhas anteriores, enquanto os adversários tinham um *sail designer* para projetar as velas que seriam usadas durante o ano, de acordo com as condições climáticas, nós tínhamos uma vela grande para cada dois anos.

A Trine, minha filha do primeiro casamento, que só tinha oito anos, ficou superfeliz em ver o pai bem-sucedido. O Nicholas, meu filho com a Renata, tinha um ano. Considero ele também um fruto da medalha, já que foi concebido em um campeonato em São Sebastião, pouco antes dos Jogos Olímpicos.

Eu e a Renata compramos, a duras penas, nosso apartamento. A gente assumiu o financiamento do antigo dono e foi se virando para pagar as prestações. Vendi o Soling e parte do meu barco de oceano. Ela negociou seu carro, uma Parati.

Sabe quando a vida parece perfeita? Em 1998, a gente estava feliz, com nosso filho pequenininho. Pela primeira vez, não passávamos aperto de grana. Nada era farto, é verdade, mas a gente tinha tranquilidade para viver de esporte e outros planos.

Mas logo percebi que havia abraçado o mundo, gerando angústia. No meu íntimo, reconhecia que com tantas frentes abertas não conseguiria chegar à excelência em nenhuma.

Após dias de preocupação, falei com o Roger.

– Não há condição de a mesma pessoa promover a classe Tornado, organizar o Mundial e ser ao mesmo tempo candidato ao título. Vou fazer mal as coisas, sacrificar tempo de treino, tirar do foco a disputa do Mundial, que na verdade representa o sprint para a sonhada medalha de ouro nos Jogos Olímpicos de Sydney.

– Lars, vai treinar.

Fiquei mais animado ainda quando ele, que é do mercado financeiro, dedicado a ganhar dinheiro, argumentou:

– Vale a pena. Você está no auge da sua carreira, investe tudo o que tem nisso. Você tem duas medalhas olímpicas e tudo para conquistar o ouro. Todas as suas campanhas olímpicas foram feitas aos trancos e barrancos, sem condições, sem material, sem treinador. Agora é a primeira vez você tem uma campanha com estrutura, com barco, vela, patrocínio, um bom proeiro, você está competindo no exterior, e o que faltar eu posso te ajudar.

Muito do que ele falou eu já sabia. Mas ouvir da boca de alguém como o Roger te enche de confiança. Confesso que quando ele me chamou de volta à Tornado e depois municiou o Clínio na seletiva olímpica para os Jogos de Atlanta, encarei como traição. Mas se havia dúvida de que ele havia feito aquilo com a intenção de dar um tapa na minha cara para me acordar, para eu deixar de encarar meu ciclo olímpico como o que o Torben chama de campanha caça-níquel – quando o atleta compete sabendo que não vai chegar a lugar algum, apenas pelo dinheiro do patrocínio –, agora já não restava nenhuma.

O Roger contratou o Klaus Peters, o Cacau, para organizar o Mundial e me tirou daquela rotina de importação de barcos, autorizações da Receita Federal, da Polícia Federal etc. Agora, sim, poderia me dedicar integralmente aos treinos.

No Iate Clube, sempre praticávamos outros esportes, que além de opção para aqueles que normalmente iam para o bar beber cerveja quando o tempo estava chuvoso e não dava para velejar, serviam de aquecimento antes de a gente começar os treinos.

Geralmente jogávamos vôlei ou futebol. Nem sempre tínhamos gente suficiente para formar duas equipes de vôlei, e as peladas de futebol terminavam com um número muito grande de contusões. Imagine um monte de gente grossa jogando futebol em um espaço pequeno, já que nosso clube não contava com uma quadra poliesportiva. Volta e meia alguém rompia os ligamentos ou fraturava a perna.

Nossa participação nos Jogos Olímpicos de Seul, anos antes, em 1988, além de minha primeira medalha de bronze, propiciou que eu retomasse contato com uma modalidade que havia conhecido na infância, em um clube de origem britânico-escandinava, o badminton. Quando íamos de manhã para a marina, em Busan, via pessoas ocupando dezenas de quadras de um aterro que tinha na orla da cidade, praticando o esporte. De volta a Niterói, anunciei que havia descoberto uma modalidade alternativa ao vôlei e ao futebol, que precisava de uma quadra pequena. E não é que a petequinha caiu no gosto do pessoal no clube?

Chamei a atenção de algumas academias, como a Top Tênis, que ficava na cobertura de um edifício-garagem, para a modalidade. Um senhor, que era suboficial da marinha, introduziu o badminton em uma favela no morro do Preventório. Aliás, alguns jovens dessa favela chegaram a representar o Brasil nos Jogos Pan-Americanos. Introduzi no bairro de Itaipu. Até fui homenageado pela Associação Brasileira de Badminton como seu patrono em Niterói.

Em 1998, ao mesmo tempo em que me preparava para o Mundial, participei do estadual do Rio de badminton, minha primeira competição federada. Havia um núcleo bem organizado na Universidade Estadual do Rio de Janeiro (UERJ). Quando você era estreante, começava na classe C. Se fosse finalista, ia para a B. Se fosse finalista da B, iria para a primeira divisão. Como já tinha certa prática, eles me avaliaram e me deixaram começar na classe B. Essa, aliás, é uma característica minha. Sou bem competitivo, até nas partidas de tênis de mesa em casa.

Disputei o campeonato da classe B, ganhei todos os meus jogos, até que cheguei à final. Estava jogando contra um jovem do Rio. A partida estava muito disputada, ninguém queria perder nenhum ponto. No auge da competição, senti um estalo. Caí, rolei de dor no chão, parecia que meu tornozelo estava pegando fogo. No hospital, passado o susto, fui informado:

– Seu tendão de aquiles estourou – disse o médico.

Imediatamente pensei no Mundial. "E se eu não puder participar?"

Esse pensamento se repetiu durante todo o mês de agosto, no qual fui forçado a ficar parado. A angústia me dominava, já que o Mundial estava logo ali – seria em novembro. Um mês antes tinha a pré-olímpica de Sydney. Estava com tudo pronto para ir à Austrália. O barco lá, o Anders se preparando fisicamente e eu com a perna imobilizada. No fim de agosto, decidi:

– Vamos participar de uma regata de oceano no meu barco.

Queria ver como estava minha mobilidade em um barco. Competi com uma bota de plástico, cheia de velcro. Me convenci de que tinha de dar um tempo, mas estava preocupado com as competições que se aproximavam.

Passaram-se mais duas semanas. Acertei de participar de outra competição, a Semana de Vela de Vitória, desta vez na classe Tornado. Não havia mais tempo a perder.

A Renata me acompanhou a Vitória, seria uma chance de ela passear pela cidade, que é bem bonita. Chegamos lá à tarde, o Anders e eu montamos o barco, demos uma velejada rápida de reconhecimento. Navegamos na enseada de Camburi, lugar lindo. Na semana anterior, tinha tirado a imobilização da perna, usava agora um aparelho parecido com uma palmilha de aço que segurava o tornozelo. Com ele dava perfeitamente para velejar.

O vento lá é bem forte, exige muito fisicamente. Mesmo assim ganhamos, com facilidade, as duas regatas do primeiro dia, contra bons adversários, como meu ex-proeiro Clínio. Verifiquei que estava plenamente recuperado. Relaxei, ficamos no clube, almoçamos, tomamos umas cervejinhas.

– Nosso pacto é pelo ouro em Sydney – falei para o Anders. Apertamos as mãos e fomos passear pela cidade.

No dia seguinte, levantamos cedo, tomamos café rapidamente e fomos para a raia testar a velocidade. Velejamos com o barco do Clínio ao nosso lado, até que sinalizaram para a gente retornar ao ponto de partida porque a regata já ia começar.

Velejávamos para fazer uns ajustes finais.

Uma sombra enorme começou a se formar à minha frente, ouvi barulho de motor atrás de mim. Olhei para trás e vi a proa de uma lancha em cima de mim. Ela não poderia estar ali, era proibido uma embarcação do seu porte entrar na área de competição. Tentei me proteger.

Ficou tudo escuro. Parecia que tinha adormecido e acordado debaixo d'água. Não entendi o que tinha acontecido, mas para não me afogar, mesmo sentindo uma dormência na perna, comecei a nadar rápido em direção à superfície. Fiquei procurando pelo Anders ao mesmo tempo em que tentava entender o que havia acontecido. Localizei meu primo nadando apavorado.

"Acho que ele está bem... Mas cadê o barco?"

Quando foquei meu olhar, vi o barco à distância, capotado e sem o leme.

"Caramba, quebraram o barco..."

E comecei a nadar em direção dele. Senti dificuldade, minha perna direita não mexia, não respondia. Foi aí que passei a mão nela para ver qual o problema... E percebi que não tinha mais a perna.

Foi um choque quando olhei ao redor e vi a água toda vermelha. Era meu sangue. Me apavorei. Tentava nadar e sentia aquela dormência na perna.

Vi, graças a Deus, o Clínio se aproximando. A lancha havia acertado de raspão o barco dele também.

– Cara, socorro, perdi a perna!

– Calma, vem para cá.

– É sério, perdi a perna.

– Pera aí, não é assim, não. Vem para cá.

Eu ainda conseguia nadar porque não sentia dor. Acho que a natureza é sábia o bastante para bloquear os sentidos quando a dor que uma pessoa vai sentir é insuportável. Ainda sentia dificuldade com a falta de impulsão.

Nadei uma distância considerável até o barco do Clínio. Ele esticou o braço e foi nesse instante que ele finalmente percebeu que eu não falava no sentido figurado, eu estava realmente sem a perna.

Foi uma grande sorte ele estar lá. Se tivesse ficado mais tempo no mar, não teria alcançado meu barco, que estava virado, a hemorragia iria aumentar, e eu teria morrido. E Clínio era dentista, saberia fazer os primeiros socorros. Foi ele que fez um garrote no coto da minha perna, sem o qual provavelmente eu não chegaria vivo ao Iate Clube. Vi o Anders no barco, também desesperado.

O tempo todo conversava com o Clínio, que estava nervosíssimo, desesperado, tentando me manter consciente. Percebi, pela sua expressão, a gravidade do meu ferimento, o medo que ele estava de que eu morresse ali, à sua frente. O Roger, seu proeiro, gritava desesperado. Pensei no meu filho, "tão pequenininho, e vou perdê-lo", e na minha filha, "vai ficar órfã"...

Foi quando a lancha que havia me atingido voltou. O Clínio pediu que se aproximasse, me jogou de qualquer jeito em seu interior e gritou, "vai, acelera, acelera, mais rápido, acelera".

– Cara, vou morrer, cara, vou morrer, cara, vou morrer.

– Não, não vai.

– Não consigo respirar...– em meio a tossidas.

– Fica quieto, fica quieto, você não vai morrer...

Tinha convulsões, sentia falta de ar... Clínio não sabia direito o que fazer. Ora se dedicava ao ferimento da perna, ora tentava uma respiração boca a boca. Comecei a pensar no meu pai, que já havia morrido.

– Pai, me protege – o que foi estranho, já que não era uma pessoa religiosa. Chegamos ao cais do Iate Clube do Espírito Santo, onde havia uma ambulância da Unimed, patrocinadora do evento, me esperando. Um dos competidores da regata era médico e pediu para nos acompanhar.

A horrível sensação de asfixia piorava. Enquanto era atendido na ambulância, achava que tentavam me sufocar. Me debatia e, na tentativa de afastá-los, acertei um soco no rosto do médico que me atendia desde a praia. Sofri uma parada cardiorrespiratória.

Lembro-me de ser envolvido por uma sensação de leveza e paz naquele momento. Senti-me no ar, levitando, como se eu estivesse saindo do meu corpo.

De repente, estava na parte de cima da ambulância, olhando de cima para baixo vendo o médico cuidando de mim, tentando freneticamente me reanimar. Não sentia dor, mas um grande bem-estar, uma sensação de conforto e paz. Era como se estivesse com um restinho de lucidez de paciente e com a sensação de uma pessoa morta. Fiquei observando tudo aquilo com distanciamento. Era como se eu nada pudesse fazer, não estava no controle de nada, já nem pensava em minha família. Era apenas um espectador.

Subitamente, estava de volta ao meu corpo.

Eles me ressuscitaram.

Acho que tive um pequeno momento de morte.

Até aquela época, nunca havia me interessado muito por religião, daí eu nunca tinha ouvido falar ou lido sobre episódios como aquele que experimentei.

Passados vários anos, e mais atento por causa do que ocorreu comigo, noto que muitas pessoas descrevem situações semelhantes. Acho interessante o fato de todos os relatos começarem por isso. Só que muitos tiveram visões distintas. Uns já passam a encontrar pessoas, outros falam em túneis iluminados, em luzes azuis. Ou as imaginações dessas pessoas eram mais férteis do que a minha ou as suas paradas cardíacas, ou experiências de quase morte foram por períodos mais extensos.

Acho que o período em que estive tecnicamente morto foi muito curto. Minha experiência foi muito mais limitada em termos de riqueza de detalhes e informações. O curioso é que os relatos são muito coincidentes. Ninguém combinou com o outro de dizer a mesma coisa, né? Alguns têm uma explicação científica, de que tudo isso é uma alucinação mais comum. Pode ser também, mas isso é decorrente do mesmo episódio, da experiência de quase morte.

Apesar de ter parecido uma eternidade, do momento do acidente até minha chegada ao hospital passou-se apenas meia hora.

Na mesa de cirurgia, tive outra parada cardíaca, muito mais longa.

Já com todo o aparato médico disponível, como o desfibrilador, tentavam me ressuscitar e não conseguiam. Para meu desespero, ouvia tudo o que acontecia, apesar de não conseguir me manifestar.

Foi angustiante quando percebi que a equipe médica estava desistindo e já começava a se desmobilizar. "Estou aqui, estou vivo ainda. Continuem, por favor. Eles não podem desistir logo agora."

Um dos médicos, que não era nem o principal da equipe, disse: "não custa mais uma tentativa. Não há nada a perder..." Resolveu tentar o que naquela altura já parecia impossível.

"Vai que você consegue. Não desista. Vai de novo, de novo", eu torcia em silêncio. Nunca antes, em nenhum evento esportivo, mesmo aqueles em que havia participado, havia torcido daquela forma. Você poderia pegar minhas duas medalhas olímpicas e todos os outros títulos, juntar em um, que para mim não teria a mesma importância daquele momento.

Uma dessas tentativas deu certo.

Ele gritou que havia conseguido e seus colegas, que já se preparavam para deixar a sala, reassumiram seus postos. Sua decisão de continuar tentando fez toda a diferença entre a vida e a morte.

A tensão daquele momento havia me deixado exausto. Finalmente, pude de fato adormecer.

CAPÍTULO 4

ATÉ UM HERÓI OLÍMPICO PRECISA DE EXEMPLOS

Logo após eu ser ressuscitado, minha família perguntava a meu amigo Roger Wright qual o melhor passo a ser tomado.

– Olha, vocês escolhem, a gente pode interná-lo no melhor hospital do Rio, onde ele fica mais próximo da família, ou podemos levá-lo para São Paulo, para o melhor hospital do Brasil, que é o Albert Einstein.

– Mas o que você acha? – perguntou a Renata.

– Olha, pelo que os médicos estão dizendo, o estado clínico dele é crítico...

A Renata ficou olhando para ele.

– Eu não pensaria duas vezes. Levaria o Lars para o Albert Einstein, onde ele pode receber o melhor atendimento. Se ele tem alguma chance, é por lá.

Foi Roger quem providenciou meu resgate de Vitória para São Paulo. Chegando ao Einstein, enquanto eu era levado ainda sedado para um quarto, Renata foi acertar os detalhes na recepção. E descobriu que nosso plano de saúde não cobria a internação.

– Senhora Renata, vou ter que pedir um cheque caução para garantir o tratamento de seu marido.

O valor representava várias vezes a soma de todo o nosso patrimônio, o que deixou Renata desesperada.

– A senhora entende... O estado dele é gravíssimo e vai exigir muitos cuidados...

Renata ligou, chorando, para o Roger.

– Olha, Roger, estão pedindo aqui algo que a gente não tem condição de pagar...

Do outro lado da linha, Roger se irritou.

– Não. Não era para tratarem isso com vocês. Já acertei tudo com o presidente do hospital.

– É... mas o moço está cobrando...

– Fica calma.

Ele era um doador do hospital, e conseguiu acalmar Renata aos poucos.

– Nunca mais vão te procurar, nunca mais vão falar nada sobre isso. Se eu ganhei dinheiro na vida, foi para ajudar os amigos.

Despertei logo na primeira madrugada no hospital, ao ouvir as vozes de dois funcionários. Não fazia ideia de quanto tempo ficara desacordado. Mas recordo que eram um casal, conversando baixinho, de mãos dadas, para não me acordar. Não entendia direito o que falavam, mas era sobre mim. Percebi quando fizeram duas preces. Estávamos em um hospital israelita, mas rezaram um pai-nosso e uma ave-maria. Com o canto dos olhos, vi que Renata adormecera em uma poltrona ao lado da cama. Senti-me reconfortado e voltei a adormecer.

Quando acordei no dia seguinte, ainda sob efeito de anestésico, olhei para o lençol. Sob ele, dois volumes correspondiam às minhas pernas. Meio zonzo por causa da medicação, por ter acabado de acordar e por tudo que acontecera, olhei desconfiado:

"Será que encontraram a minha perna?" Com Renata ainda adormecida a meu lado, levantei devagar o lençol. Para minha surpresa, no lugar da perna direita, havia várias toalhas enroladas.

Eu estava entubado, então pedi, através de sinais, ao médico que entrou no quarto para me explicar para que era aquilo. Ele disse, de maneira cuidadosa, que, por não saberem se eu teria consciência de que havia perdido a perna, as toalhas dobradas sob o lençol serviriam para diminuir o meu choque quando despertasse. Só quando eu estivesse um pouco menos fragilizado é que planejavam revelar o ocorrido.

Ao perceber que eu já estava ciente das consequências do acidente, o médico explicou que podia até não parecer, mas que tive muita sorte.

– O que aconteceu com você... bem, imagine que aconteçam outros mil acidentes parecidos. Provavelmente, essas mil pessoas morreriam.

Um conjunto de condições favoreceram minha sobrevivência. Uma delas: eu ter sido encontrado pelo Clínio, que tem ótimas noções de primeiros socorros. Outra: a lancha ter voltado, e me levado rapidamente dali. Terceira: estar participando da competição o médico capixaba João Alípio, que estancou a hemorragia e me acompanhou na ambulância até chegarmos ao pronto socorro. Quarta: ter uma ambulância no clube, o que é raríssimo. Sem todos esses recursos, provavelmente eu teria morrido.

Nos dias que se seguiram, uma espiritualidade despertou em mim. A primeira coisa que você pensa é: "por que isso está acontecendo comigo? O que eu fiz para merecer isso?" Depois: "será que Deus existe?" Ao mesmo tempo, você tenta entender em Deus uma resposta para tudo.

Chegavam ao hospital milhares de mensagens de solidariedade. Vinham do Brasil inteiro, mensagens de fé das mais diferentes religiões, ou mensagens de carinho, de força. É uma energia que você pode entender como algo espiritual ou como uma bagagem de informação.

Fui batizado católico, mas nunca fiz a primeira comunhão. Posso dizer que era agnóstico. Mas essa experiência foi fundamental para que me tornasse ecumênico. Muitos dogmas da Igreja católica eu questionava. Como quando ela se colocou contra o divórcio, a pílula anticoncepcional, o controle da natalidade, e outras posições totalmente anacrônicas ou em desacordo com a evolução da humanidade.

Antes eu me sentia uma ovelha totalmente desgarrada, mas recentemente, com o papa Francisco e suas posições corajosas, passei a ter muito mais simpatia à Igreja católica. Ele admitiu os erros da Igreja ao encobrir os escândalos financeiros, ou aqueles ligados à pedofilia, e se mostrou mais tolerante em relação às outras religiões. Felizmente, tive a oportunidade de conhecê-lo em sua visita ao Brasil, pois parte de sua agenda tinha relação com o esporte.

Mas enquanto eu estava no hospital, meus dias não eram preenchidos pela espiritualidade: logo fui dominado pela depressão e pelo desespero. Olhando por horas o teto branco do quarto, até pensava na hipótese de voltar a velejar. Mas logo vinha a certeza de que seria impossível. Pela vergonha de velejar com apenas uma perna e a convicção de que nunca mais seria competitivo. Tinha que aceitar como fato a decadência, fazer mal uma coisa que já fiz bem na vida. Era assim: toda vez que vinha à mente a ideia de velejar, junto vinha a revolta.

Afinal, o ambiente da minha grande paixão pela vida, o mar, tinha se tornado o lugar onde eu quase a tinha perdido. Gerou mágoa, medo.

"Acabou minha carreira na vela. Nunca mais...", repetia para mim hora após hora, com amargura.

Pior, pensava sobre o que seria a minha vida dali para a frente. Ficava remoendo que minha profissão era velejar. E se não podia mais velejar, ia fazer o quê? Seria um inútil, onerando minha família, preso em uma cadeira de rodas, esperando meu fim. Por mais carinho que minha família me desse, eu não conseguia ver uma luz no fim do túnel.

"Sou um medalhista olímpico, e agora dependo de ajuda até para respirar..."

Tudo era um desafio, até as coisas mais simples: quando me tiraram da UTI e me levaram para o quarto; na tentativa inicial de me colocar no sofá; a primeira vez em que fiquei de pé; os primeiros passos no quarto com o andador; no dia em que fui ao banheiro; quando finalmente saí do quarto.

Foi assim também quando tiraram a CPAP – uma máscara que veste parte do rosto e induz a respiração – e a substituíram por uma sondazinha no nariz.

"Será que vou conseguir? Até agora estavam respirando por mim... Agora vai ter que ser com meu próprio pulmão, com meu próprio esforço..."

Para piorar minha confusão mental, nos primeiros dias de internação passei por aquele tipo de viagem que os usuários de LSD relatam: imagens de dragões voando, as coisas correndo, esse tipo de maluquice, certamente um efeito colateral das doses cavalares de morfina às quais fui submetido.

Quando já estava na semi-intensiva, me avisaram que uma equipe de reportagem iria tirar uma foto minha para mostrar que estava "tudo bem". Eu, meio grogue e constrangido, coloquei uma bermuda e deixei que tirassem uma foto ao lado de minha família. Até poderia imaginar as pessoas pegando o jornal e dizendo, "olha só que herói, está plenamente recuperado após aquele acidente". Mas o que aconteceu dentro da minha cabeça passava bem longe desse cenário ideal. Eu estava constrangido, envergonhado por minha situação.

Piorou quando peguei o jornal no dia seguinte. Comecei a pensar que aquela era uma invasão à minha intimidade. Eu lá, naquela foto, sem a perna... Gerou um autopreconceito. Mas teve um lado bom.

"Pelo menos agora todo mundo já sabe que não tenho mais uma perna. Não tenho mais o que esconder."

Ao mesmo tempo em que lutava inspirado por uma vontade imensa de viver, quando eu pensava em perspectivas futuras, nada vinha à mente. Estava no auge da carreira, era atual medalhista olímpico, campeão sul-americano, disputaria o Mundial da classe Tornado que seria realizado pela primeira vez no Rio, em Búzios, justamente na raia em que eu mais treinava, cujo título alavancaria minha próxima campanha olímpica. De uma hora para outra, esse sonho desapareceu.

Um dia, quando ainda estava mal, recebi um telefonema especial. Geralmente minha família dispensava as ligações de solidariedade para que eu concentrasse minhas energias na recuperação. Mas, sabendo do meu sentimento patriótico e de minha inspiração nos heróis olímpicos, fizeram uma exceção e me perguntaram se atenderia o famoso João Carlos de Oliveira, o João do Pulo, nosso ex-recordista mundial e medalhista olímpico no salto triplo que, assim como eu, teve que amputar uma das pernas após sofrer um acidente. Com os aparelhos de respiração acoplados, o que dificultava minha comunicação verbal, fiz imediatamente o sinal de positivo com o polegar e colocaram o fone no meu ouvido.

Durante alguns minutos, ele falou algumas palavras de encorajamento. Prometi a mim mesmo que se saísse daquele hospital iria agradecer-lhe pessoalmente. Infelizmente não deu tempo. Poucos meses depois, em maio de 1999, João do Pulo morreu, vítima de graves problemas de saúde.

Aquele conforto pela mensagem do João do Pulo, porém, foi momentâneo. Logo voltei à minha rotina de autopiedade de aleijado.

Não permiti que minha filha Trine me visse no hospital. Ela teve de ficar em casa, em Niterói, todo o tempo em que eu estive internado. Não conseguia enxergar opções. Cheguei ao fundo do poço. Até que em um momento, no auge do desespero e da revolta, decidi:

"Vou me matar. Não sei como, mas vou acabar de uma vez com esse sofrimento."

A sequência de operações, desgastantes, acentuava meu pessimismo. Na décima, a última delas, quando despertava da anestesia geral, sentindo-me muito mal, entrou no quarto uma enfermeira. Enquanto ela checava a medicação, disse-me que logo, logo eu poderia até voltar a velejar.

Imerso na autopiedade, achei aquilo uma audácia.

– É muito fácil para você falar. Não é com você, não é?

– Como é que você sabe que nunca passei por isso? – respondeu a enfermeira, ao mesmo tempo em que batia na própria coxa, produzindo um ruído seco.

Era tal a desenvoltura dela ao caminhar que eu não havia percebido sua perna mecânica. Ela notou minha curiosidade e até abaixou um pouco a calça branca para que visse parte do estojo de sua prótese.

Claudia, seu nome era esse, de estatura média para baixa, contou para mim que na adolescência foi diagnosticada com câncer no fêmur. Lutou contra a doença, passou por todos os tipos de tratamento (quimioterapia, radioterapia, cirurgia), e o câncer avançava.

Um dia o médico disse a ela que o caso era de amputação, ou perderia sua vida. Claudia não pensou duas vezes.

Foi assim que, ainda adolescente, passou por uma amputação cirúrgica. Ela se protetizou, voltou a andar e a estudar, e se formou em enfermagem, profissão que tinha sonhado. Era gerente do plantão da madrugada daquele hospital de padrão internacional. Ou seja, ela chegou quase no cargo mais alto da sua profissão. Não foi a perna que impediu. Ela era uma excelente enfermeira e, mais do que isso, de uma força incrível.

Conheceu o marido, casou, teve filhos, e ainda praticava esportes de aventura, como o paraquedismo, que eu, filho de paraquedista condecorado, nunca tive coragem de arriscar.

Meus olhos brilharam. "Essa mulher é o máximo!"

Não cansava de contar sua história para a Renata e a parentes e amigos que me visitavam. Nosso papo durou apenas dez minutos, mas me transformou. Até hoje, passados quase vinte anos, ainda penso naquele encontro.

Logo os parentes perceberam que exemplos positivos eram a melhor maneira de me motivar. Dias depois, quem apareceu para me visitar foi o modelo Ranimiro Lotufo, que desfilava por grifes famosas na São Paulo Fashion Week. Nas horas vagas, praticava esportes de aventura, entre eles o parapente. Foi assim que sofreu o acidente, preso a uma rede elétrica, com muitas queimaduras. A perna foi amputada em um ponto muito parecido com o meu. Ele voltou a desfilar nas passarelas, utilizando uma prótese biônica. Ao não disfarçar a perna, foi muito aplaudido. Depois, voltou a voar de parapente e até bateu o recorde sul-americano.

A princípio, na hora que o recebe, você fica um pouco chocado. Mas quando vê um cara grande, boa pinta, sorridente, alegre, contando tudo que ele passou e o que faz hoje em dia, é uma injeção de ânimo.

Foi também nessa época que conheci o Pirata, apelido do Alcino Neto, surfista que perdeu a perna na linha do trem. Voltou a surfar com uma perna só, tamanho o equilíbrio. Foi até para o Havaí de novo. Sua prótese é improvisada, um tubo encaixado na prancha, permitindo-o surfar.

Um dos médicos que me tratou no Einstein, o ortopedista Marco Antonio Guedes, um dos maiores especialistas em amputação no país, também é amputado e fez protetização em atletas.

A cada visita, a cada exemplo, minha perspectiva melhorava.

Essa era minha nova realidade. Se esses caras deram certo, eu também poderia dar. Também poderia gerar referências positivas para os outros, como havia feito até agora como atleta olímpico.

Logo, minha postura mudou drasticamente. Tanto que, um dia, quando alguém tocou no assunto da minha perna, achada pouco tempo depois do acidente, fiquei irritado pelo assunto estar sendo discutido comigo.

– Sou o que sobrou, não o que se foi.

Assim os dias passavam. Somente um fantasma ainda me assombrava, e reconhecia que a Renata mostrava muita força quanto a ele. Eu a alertei que viveríamos muita dificuldade pela frente. Apesar de suas respostas consistentemente positivas, achava que ela não entendia o que estava por vir. Ainda não havia conversado sobre nosso futuro.

Um dia, tomei coragem. Em um momento de maior privacidade, disse a ela que era muito grato por tudo que estava fazendo por mim, por todo o carinho que tinha demonstrado, mas que eu não acreditava ter perspectivas futuras. No meu estado, seu futuro seria conviver com um aleijado, que não iria trabalhar e não teria condições de sustentar a família. Tínhamos um filho pequenininho, e ela estava com apenas 25 anos.

– Por mais que eu te ame, você tem que seguir seu caminho. Quero deixar você totalmente à vontade para tomar a decisão que achar melhor. Muito obrigado por ter cuidado de mim até agora. Mas a fase de cuidados hospitalares está chegando ao fim, não sei ainda o que vou fazer, terei que recomeçar minha vida. A partir de agora, fico com minha família, eu me viro.

– Eu não me casei com sua perna, eu me casei com você, Lars! – disse no meu ouvido. – Como você mesmo disse, tenho uma vida inteira pela frente, o desafio aumentou, mas tô aqui para viver com você.

Não posso negar que fiquei feliz. Preocupado com nosso futuro, mas feliz.

– Sério?

– Lógico. Nunca considerei outra opção. Eu sou a sua família.

– Olha lá, hein? Ainda dá tempo de mudar de ideia.

CAPÍTULO 5

DEUS AJUDA A QUEM SE AJUDA

Minha melhora gradativa fez com que os médicos decidissem me dar alta.

– Já está em condições, e assim evita o risco de contaminação hospitalar.

Apesar de positiva, a notícia me deu medo. Um bom hospital nos dá aquela sensação de segurança. Estava feliz por finalmente deixá-lo, mas e se acontecesse alguma coisa sem o pronto atendimento? Lembrava de um dia em que fui desentubado, mas sofri outra crise respiratória e me entubaram novamente. Era reconfortante saber que o socorro médico estava a poucos metros.

O Roger prontamente montou uma unidade semi-intensiva na casa dele, no Morumbi. Lá fiquei hospedado pelas semanas seguintes. Novamente fiquei feliz e irritado, pois não poderia ir direto para casa. Eram sentimentos conflitantes, contraditórios. A casa era quase vizinha ao hospital, o que fez com que parte dos meus temores desaparecessem, e ainda havia uma equipe contratada por ele que se revezava 24 horas por dia.

Frequentemente, os médicos faziam reuniões para discutir meu estado. A pauta de uma delas foi o desmame da morfina.

– A partir de agora vamos reduzir as doses de morfina – orientou o médico Marcos Antonio Guedes, que trata o tema com toda a naturalidade, dada a intimidade dele com o assunto.

– Alguma orientação em especial, doutor? – perguntou o Roger.

– Sim, sim. Cuidado que o Lars pode ficar furioso. A morfina gera um bem-estar tão grande que a retirada dela... Ele pode ficar violento. Se isso acontecer, nos avise. De todo jeito, vamos deixar um pouco de morfina aqui. É para o enfermeiro injetar nele...

Fui me aproximando para ouvir melhor o que diziam.

– Vamos fazer um processo para substituir a morfina, já que ele já é um dependente químico.

Para mim, que sou um atleta e sempre segui os ideais olímpicos, ser de certa forma chamado de viciado foi um tapa na cara. Me intrometi na conversa:

– Que negócio é esse de dependente químico?

– Você é um viciado em morfina!

– Que viciado em morfina o quê! Sou um atleta olímpico. Nunca usei droga na minha vida, de espécie alguma. Como você fala assim de mim? Nunca escolhi essa porcaria, quem foi que colocou isso em mim? Quem autorizou? Não tô sabendo de nada disso.

– Você está tomando desde o acidente. Como você acha que estava resistindo à dor? Porque você é forte? É por causa da morfina!

Tive que engolir em seco. Então eu era um viciado? Logo eu que nunca tinha fumado maconha na vida.

– Calma, isso é normal...

– Normal, nada. Você não pode dizer para mim que sou viciado. Porra, nunca fui viciado em coisa nenhuma.

Chamaram meu clínico geral, o doutor Ricardo Peres, com quem me trato até hoje, para conversar comigo.

– Lars, deixa eu falar uma coisa para você. O negócio da morfina não é culpa sua. Realmente é um processo normal para qualquer um. Quando ele usa o termo "viciado" é porque já tem uma dependência no uso dela.

– É, mas nunca dei autorização...

Estava indignado. Era um atleta, forte, acostumado a desafios. Não aceitava ser considerado um viciado que precisava de um "desmame". E assim os convenci a tirar a morfina de uma vez.

A conta da teimosia foi alta. A dor era absurda, e meu temperamento variava entre a euforia até a desgraça, com momentos de extrema depressão. O comportamento violento sobre o qual o doutor havia falado também aconteceu. Comecei a ter crises de ansiedade e mau humor. Voltei a pensar em me matar.

Sem o conforto da morfina, tinha hora que eu batia a cabeça na parede, com força. Fazia muito barulho... A Renata, claro, ficava nervosa. E eu cada vez mais violento. Uma vez, ela chegou a sair do quarto e ligou para o Roger, que estava no trabalho.

– Tô com medo. Tô com medo que ele me pegue, me esgane e me mate aqui!

Roger procurou acalmá-la, mas as preocupações dela eram muitas. Por ela mesma e por mim.

– O Lars tá tão nervoso que qualquer coisa que falo, ele fica irritado, bate a cabeça na parede, vai acabar se machucando...

Após ficar em silêncio por alguns momentos, ele falou que conversaria com os médicos assim que retornasse. Chegou-se à conclusão de que o processo de desmame da morfina teria que ser gradual.

Mais até do que o bem-estar físico, do que o efeito de coibir a dor, a morfina tem uma ação psicológica. Você fica em um estado normal. Quando começam a tirar, afeta o seu humor. A dor mina a resistência física, psicológica e espiritual. Vai virando uma bola de neve, tem hora que você surta, fica doidão. Não tem outro jeito senão ministrarem tranquilizantes.

"Que merda! Se vai ser assim para sempre, não quero mais viver..."

À época, alheia a meu drama pessoal, a imprensa continuava divulgando que minha recuperação era excelente. Imaginava as pessoas dizendo "Pô, a forma com que esse cara encarou o acidente!" ou "Nossa, que exemplo!"...

À medida que fui entendendo o que estava acontecendo, graças às explicações do especialista do Sírio Libanês, o famoso Manoel Louco, minha tolerância àquela situação também aumentava. Doutor Manoel Louco, na verdade, chama-se Manoel Jacobsen Teixeira. Figura exótica, é taxado como louco por ser um especialista em dor.

– A morfina é uma substância orgânica, natural. É o melhor anestésico que existe, mas causa dependência. Você não pode viver com ela para sempre, tem de tirar isso. Mas fique tranquilo, vou querer saber de você com riqueza de detalhes, sobre quais tipos de dores você sente, a frequência, as características, a intensidade. E vou dosar remédios para a gente substituir a morfina de forma bem gradual.

Primeiro, a morfina deixou de ser injetável. Passou a vir em forma de adesivo, absorvido pela pele.

– Doutor, essa é uma morfina menos intensa que aquela que injetavam na veia, não?

O doutor concordava com a cabeça. Aos poucos, ela foi sendo substituída por uma substância sintética chamada metadona, de eficiência igual à morfina, mas que não interfere no aspecto psicológico, apenas alivia a dor, além de não gerar dependência.

– Dor você não vai sentir. Ninguém tem obrigação de sentir dor, ninguém merece – disse Manoel.

Foi montado um cronograma detalhado para o "desmame", previsto para ser concluído em 31 de janeiro do ano seguinte.

O tratamento continuou na casa do Roger, até que chegou o momento de retornar a Niterói. Após desembarcar no aeroporto Santos Dumont, meu advogado, o doutor Sérgio Zveiter, arrumou um helicóptero para me levar até o heliporto mais próximo à nossa casa, localizado sobre um morro.

Fiquei emocionado ao rever minha filha, Trine, agora com nove anos. Nos abraçamos forte. Ela estava mais pronta para me reencontrar do que eu. Choramos.

Minha sogra, a Cristina, que havia ficado com o Nicholas, foi em casa devolver o neto para a gente. Como ele era muito pequenininho, não quis mais saber da Renata. Chegou em casa todo desconfiado e ficou agarrado com a avó. Quando Cristina disse que ia embora, ele chorou desesperado. Gritava e gesticulava mostrando que queria ir embora com a avó.

– Filho, é a mamãe. É a mamãe – chorava a Renata.

Felizmente, em poucos dias, Nicholas se acostumou com a mãe.

Quando chegamos, eu não sabia como explicaria a ele, com um ano e meio, que o pai não tinha mais a perna. Vi que a preocupação era só minha: Nick subiu na cama, olhou para dentro da minha bermuda e disse: "não tem perna." Pronto! Ele já sabia.

Na mesma semana, recebi a visita do Torben. Foi mais do que uma visita social. Ele chegou munido com uma caixa de ferramentas, uma furadeira e aquelas alças, corrimões, que você chumba na parede, para ajudar na minha locomoção.

– Onde é que posso instalar isso?

Pois é. Meu irmão, um campeão mundial e olímpico, iria fazer um "bico" como marceneiro. Mais do que nunca, senti o carinho que desenvolvemos durante nossa parceria na vela. De repente, era como se tudo aquilo voltasse, só que multiplicado.

Ele foi de cômodo em cômodo fazendo as adaptações.

– Aqui no banheiro, qual a altura que tenho que colocar? – perguntava, cuidadoso. Ele não queria instalar sozinho e errar a posição.

– Torben, acho que não precisa tanto assim, não.

Mas não adiantava, meu irmão se mostrou ultracuidadoso com minha segurança e foi chumbando quarto, cozinha, corredores etc. Ele passou o dia inteiro lá em casa.

Um dos primeiros passeios foi uma ida ao clube.

– Oba, vamos agora à tarde para eu poder ver os barcos.

– Agora não vai dar. Tenho que fazer umas coisas. Vamos mais tarde – explicou rapidamente Renata.

Como eu dependia de ajuda para me locomover, não teve jeito. À noite, quando a gente chegou ao clube, foi uma dificuldade para estacionar o carro. Estava tudo lotado.

– Ué, dia de semana... Será que tem reunião do conselho? Mas todos esses carros...

Quando entrei pelo portão do clube, fui recebido pelos sócios que estavam lá em peso, amigos da vela, amigos do COB, patrocinadores... Uma surpresa e tanto! Muito emocionante.

Minha nova condição veio acompanhada, claro, de vários problemas. Como eu faria para dirigir, por exemplo?

Quando fomos para Vitória, eu e Renata tínhamos acabado de comprar um carro financiado, o meu primeiro zero km na vida. Era uma perua branca com direção hidráulica e ar-condicionado.

Imagine, aos 34 anos, esse era o primeiro carro novo da minha vida. Até então só tinha tido carro velho, usado, enferrujado. O carro anterior era um Escort Guarujá, que a gente comprou usado em Petrópolis e depois deu problema no motor. Quando chegou o verão de 1998, a gente teve a ousadia de vendê-lo e o trocamos pelo Peugeot, financiado.

Nem chegamos a pegá-lo. Após o acidente, ficou esquecido na concessionária.

– Caramba, temos que ir buscar o carro! – lembrou Renata, quando já estávamos de volta a Niterói.

Como meu caso estava recebendo ampla cobertura da mídia, minha mulher perguntou ao vendedor se estavam sabendo dele. Consternado, o vendedor respondeu que sim.

– Então, queria ver se vocês poderiam fazer uma adaptação em nosso carro.

– O carro é de câmbio manual, não tem como adaptar.

– Mas eu vi que na Europa existem carros dessa marca com câmbio automático.

– Aqui a gente não tem isso.

– Mas não dá para adaptar?

– Não. Olha, o carro está aqui, vocês têm que retirá-lo.

Diante da inflexibilidade do vendedor, Renata tentou retornar à concessionária outras vezes, algumas com seu pai, mas o resultado continuava o mesmo. Ela até que tentou outras soluções.

– Já que ele não vai poder dirigir o carro, a gente não pode desfazer a compra? A gente nem tocou no carro...

– Não. A gente já emitiu a nota, emplacou, agora ele é um carro usado.

– Usado, não. Se nunca colocamos a chave na ignição, como assim usado?

– Oficialmente esse carro já tem dono, tem nota fiscal, não podemos recebê-lo de volta.

O jeito foi colocar à venda nosso Peugeot, que a gente teve que vender como usado, apesar de nunca termos andado nele.

Nessa época, fui prestigiar o Mundial de Tornado, em Búzios. O mesmo que sonhei em ganhar, mas no qual nem pude competir.

Foi organizado um jantar de confraternização antes do início da competição, com velejadores de todas as nações em um restaurante na rua das Pedras, no centro da cidade. De repente, ouvi me chamarem lá embaixo.

Quando cheguei lá, ainda enfrentando dificuldade para caminhar, chegou também um jipe Grand Vitara, da Suzuki, patrocinadora do Mundial. Estavam no carro Renata, Trine e Nick no colo.

– Este carro é seu!

Meu problema com a concessionária que havia me vendido aquela perua chegou ao conhecimento, por meio da imprensa, do Klaus Peters, organizador do Mundial. Ele contou aos executivos da Suzuki e um deles, comovido com minha situação, resolveu me presentear. O melhor é que ele era adaptado. Dirigi o Suzuki de 1998 a 2006 e, por ter um motor forte, usava até para rebocar minhas embarcações.

O lado financeiro era outro fator que gerava constante preocupação em casa, já que não poderia continuar com minha profissão. Estava pensando justamente nisso quando atendi uma ligação.

– Aqui é o Luís Fernando, que vendeu seu plano de previdência. Lembra-se de mim?

– É você? Olha, agora é que não vai dar para comprar nada mesmo. Não sei se você viu no jornal que sofri um acidente...

Na hora me lembrei de como nos conhecemos. Foi na época em que eu estava duro, logo após a minha separação.. Estava sem emprego e começando vida nova com a Renata, quando recebi seu primeiro telefonema.

– Oi, Lars? Me indicaram seu nome, não está interessado em fazer um plano de previdência privada?

– Olha, você procurou o pior cara para vender isso no momento. Tô sem emprego, não tenho condições agora, não...

Mas ele era muito insistente e continuou ligando. De tanto insistir, um dia passei para ele o telefone do Torben, que estava bem de vida, e acabou fazendo um plano.

Achei que aquilo colocava um ponto final na história. Mas logo ele estava ligando de novo.

– Olha, Lars, você tem que pensar no futuro da sua família...

– Tá bom, tá bom, você venceu. Você é chato mesmo... Vou fazer esse plano, mas por favor não me ligue mais.

De fato, nunca mais tinha ouvido falar dele. Até agora. Voltei à realidade com ele suplicando para que eu o deixasse falar. Pensei como seria irônico se ele estivesse tentando me vender uma apólice contra acidentes.

– Lars, por favor, escute. Estou ligando por causa daquele plano de previdência...

– O que foi, aconteceu alguma coisa? – disse, me lembrando do meu pai, que durante a vida toda pagou um plano de previdência do exército que quebrou e teve que ouvir um "azar de vocês".

– Você tem sua cópia do contrato? Lê as letras miúdas no fim do contrato.

– Mas o quê...

– Fiquei sabendo da sua situação. O caso é que o contrato que você assinou inclui uma cláusula para acidentes pessoais na casa das centenas de milhares.

– Como é que é?

– É isso mesmo. Vou te passar o que você tem de fazer para pegar o dinheiro...

Foi assim que aquele vendedor chato se tornou uma espécie de anjo, permitindo que eu terminasse ali minha carreira olímpica, semiamputado, mas com algo para continuar a vida. Não estava mais com uma xícara vazia na rua no final do mês. Até hoje pago esse plano, faltam quatorze anos para me aposentar e viver dele. Luis Fernando, infelizmente, faleceu pouco tempo depois.

Quando me dei conta de que o Natal se aproximava, liguei para o doutor Manoel. Ele perguntou se algo havia acontecido.

– Não, doutor, nada grave. É que... sabe, eu tô pensando...

– O quê, Lars?

– É que tô pensando em celebrar o Natal com uma taça de champanhe. Posso?

– Eu já te falei que esse negócio e álcool não combinam. Você não está liberado para tomar nenhum tipo de álcool e sabe muito bem disso. A reação dessas substâncias se misturadas ao álcool...

– Mas doutor...

Depois de muito vai-e-volta, ele percebeu que eu estava convicto em comemorar o Natal com champanhe. E após resmungar um pouco, disse:

– Bom, já que faltam alguns dias, você vai reduzir rapidamente o remédio e parar de usá-lo até o Natal. Não dá para usar o remédio e tomar álcool. E não acho uma boa você voltar a beber álcool, a não ser que o consumo seja esporádico e restrito ao período de festas.

– Obrigado, doutor...

– Quero que saiba que pode ser que a dor volte. Eu te falei que o plano era até o final de janeiro e você está antecipando em um mês o processo. Bom... qualquer dor que você tiver, me liga.

Brindei aquele Natal – e minha sobrevivência e recuperação – com uma taça de champanhe.

"Quero dar tudo isso por encerrado", pensei, no momento do brinde.

Mal sabia que a dor me acompanharia até hoje. Ela está presente 24 horas por dia. Às vezes, é tão fraca que não incomoda. Mas tem momentos, quando eu coloco qualquer objeto magnético perto da parte direita do corpo, como um celular, por causa da bateria, dou um pulo. Evito também objetos pontudos que possam mexer com os nervos, que estão, literalmente, à flor da pele. Isso é para sempre. Com o passar do tempo você aprende a conviver. Mas tem vezes que a dor é insuportável.

Por causa disso, acabei desenvolvendo o hábito de assistir TV até tarde. À noite, no fim do dia, você está mais estressado, cansado, mexeu muito com o coto. Então quando chega a hora de dormir, a dor é mais intensa que o sono... Fica aquela briga: dor ou sono? Durmo de bruços, o peso do corpo faz o coto, que tem uma tendência de vir para a frente, estender de volta. Enquanto está nesse processo, dói. Mas à medida que vai cedendo, a musculatura nivela e começa um processo de relaxamento. Quando amanhece, está praticamente zerado. Você aprende a conviver com essa "herança".

Antes de 1998 terminar, em dezembro mesmo, decidi voltar a participar de uma competição. Seria a primeira vez desde o acidente e estava tão convicto que não consultei os médicos. Escolhi a regata que levava o nome do meu avô, Preben Schmidt, na época com caráter mais festivo de provas da federação carioca.

Fui recebido de forma emocionante pelos sócios do Rio Yacht Clube, em Niterói. Sentia-me mais seguro porque já havia dado minhas primeiras velejadas, havia gradualmente substituído a morfina pela metadona, e agora usava um coquetel de remédios. Cada vez menos era monitorado pelo doutor Manoel.

Muitas pessoas foram ao clube só para ver essa minha experiência de entrar no barco, o Marga, que o Torben comprou para propiciar esse reencontro com o mar. Era um barco velho, fabricado em 1933, mas uma joia rara. Da primeira vez que entrei, já fiquei encantado.

Estava muito magro, e sob o efeito de remédios, ficava tonto fácil. Sabia que ia pegar sol, fazer esforço físico sem ter o equilíbrio devido.

Cansei de ouvir as pessoas dizendo que eu não deveria, até porque o médico havia recomendado não fazer atividades até o fim de janeiro, mas era uma forma mostrar para mim mesmo que a vida continuava. Representava, também, uma forma de fazer as pazes com o mar.

Entrar no barco já foi superdifícil. Além de mim, a tripulação era formada pela Renata, o Robert Swan, velejador de uma família tradicional do clube, e o Colin Gomm, meu fiel companheiro. Estava sem ponto de equilíbrio, mas como era bom sentir aquele vento no rosto!

O vento parou em instantes após a largada, a flotilha ficou toda parada, e voltou a ventar exatamente no ponto onde a gente estava. Nossa relíquia dos anos 1930 passou à liderança da regata, posição onde permanecemos durante dois terços da prova. Algumas lanchas nos acompanhavam e seus ocupantes disparavam rojões. Mais tarde, três barcos modernos da regata nos passaram. Mas, comparativamente com a flotilha, tivemos de longe o melhor desempenho. Terminar a regata e ver que a vida seguia foi uma grande alegria.

Mais do que isso, o Eduardo Penido, campeão olímpico em 1980, engrossou o coro do Torben após aquela regata:

– Lars, tenho certeza que você pode voltar a competir.

– ... Será?

– Com o tempo você vai adquirir força, melhorar o equilíbrio, pode desenvolver uma prótese para ter o ponto de apoio que perdeu. Nos barcos pequenos, realmente sua desvantagem pode ser grande. Mas na vela oceânica, em que cada pessoa no barco tem uma missão específica... Sua missão ideal é ser timoneiro. Requer técnica e experiência, que você tem, e um braço forte, e o seu ficará pelo uso das muletas...

Seu desafio ficou guardado em meu subconsciente.

Toda aquela festa foi capturada pelas câmeras de equipes de televisão presentes, que exibiram as cenas nos jornais noturnos.

Mal podia imaginar a guinada que me esperava por causa da minha participação naquela inocente regata.

Nos primeiros dias de 1999, percebi meu telefone tocar quando estávamos no clube, em Niterói. A Renata e os nossos amigos não estavam entendendo nada.

– Alô, sim, sou eu mesmo... Como assim? Do que se trata? Tem certeza? Claro que posso. Amanhã? O senhor explica tudo pessoalmente? OK, até amanhã.

CAPÍTULO 6

FORA DA ZONA DE CONFORTO

Sentado em um sofá no luxuoso lobby do Copacabana Palace, no Rio, lembrava-me da surpreendente ligação que havia recebido no dia anterior.

– Alô? Poderia falar com o senhor Lars Grael? – perguntou meu interlocutor.

– Sim, sou eu mesmo.

– É da parte do ministro Rafael Greca...

– Como assim?

– O senhor pode atendê-lo?

– Do que se trata?

– Ah, senhor Lars, isso ele mesmo explicará...

Nesse momento, o próprio Greca entrou na linha.

– O presidente da República, Fernando Henrique Cardoso, me incumbiu de convidá-lo para assumir um cargo.

Levei alguns momentos para digerir aquela informação, fazendo surgir mais dúvidas.

– Cargo? Do que está falando?

– Tem um cargo num órgão ligado ao Ministério do Esporte, o Indesp. Quero te chamar para ser o diretor. Pode se encontrar comigo amanhã?

– O senhor explica tudo pessoalmente?

– Claro!

Ao chegar em casa, contei os poucos detalhes da conversa para a Renata.

– Lars, você tem que ir. Ouvir não faz mal nenhum. Se for algo que não te agrade, agradeça e recuse. Mas pode ser também um novo desafio.

Estava um pouco nervoso. Pareceu uma eternidade o período entre a recepcionista anunciar a minha chegada e o ministro aparecer.

O ministro Greca tomara posse do recém-criado Ministério do Esporte e do Turismo. Fora prefeito de Curitiba e pretendia concorrer ao Senado, mas o presidente Fernando Henrique Cardoso, para resolver uma situação política entre partidos e candidatos, havia indicado Álvaro Dias. Mesmo sendo eleito deputado federal, Greca sentiu-se prejudicado. Para compensá-lo, prometeram-lhe um ministério.

Ele queria a pasta da Cultura, mas o ministro indicado foi o Francisco Weffort, um político de origem petista, indicação da dona Ruth Cardoso.

Com isso, encaminharam-no para uma área, na qual ele tinha pouco conhecimento, que juntaria duas autarquias: o Instituto Nacional de Desenvolvimento do Desporto (Indesp) e a Empresa Brasileira de Turismo (Embratur).

FHC, que acompanhara meu caso pela mídia e até me telefonou durante a internação, percebeu a repercussão positiva gerada pela minha primeira participação em um campeonato após o acidente e sugeriu ao Greca:

– Chama o Lars para trabalhar aqui.

Para mim foi uma surpresa saber que havia sido uma indicação pessoal do presidente.

O Greca me explicou em detalhes quais seriam minhas funções e eu, sem vislumbrar mais futuro no esporte, e doido para encontrar um novo desafio para minha vida, respondi:

– Vambora!

Momentos depois, avisei ao ministro que da minha parte estava tudo certo, mas que precisava consultar minha mulher, e minha filha Trine, à época com dez anos, que morava com a mãe e ficaria distante do pai.

Enquanto voltava para casa, só pensava na reação da Renata quando contasse a novidade. Ela aprovaria? Seria contra? Uma negativa dela me forçaria a abortar a ideia. Além de ser minha mulher, devia muito da minha recuperação a sua dedicação e amor.

Renata cresceu e sempre viveu no Rio de Janeiro, e talvez não quisesse deixá-lo. Sair de perto do mar e ir morar no Distrito Federal, com uma vida focada na política, significaria uma mudança total no estilo de vida.

Sua resposta, porém, me surpreendeu. Ela não apenas concordou que o melhor era assumir o desafio como sua disposição foi determinante para que eu confirmasse o "sim" para o ministro.

A Trine também me surpreendeu: ficou mais lisonjeada do que triste. O impacto na mídia foi muito positivo, as pessoas enalteceram, esse foi um fator que contribuiu para que ela compreendesse.

Senti-me melhor ao receber uma ligação informando que o FHC ficara feliz por eu ter aceitado o convite.

Precisava daquela injeção de segurança. Você sempre tem medo da política, dos políticos, do serviço público, da burocracia e do que pode emergir disso. Mas sempre achei também que, da mesma forma que nós, atletas, sempre fomos audaciosos para reclamar, denunciar, criticar, isso de nada adiantaria se, em hora nenhuma, você ajudar... a "construir o telhado", só jogar pedras. Passamos a vida reclamando que o esporte é gerido por pessoas sem compromisso e então, quando surge uma oportunidade de alguém do meio preencher o espaço e não aceita, quem vai preenchê-lo? A crítica construtiva é fundamental, mas quando você pode contribuir, tem de fazer sua parte.

Chamei meus irmãos e minha mãe, explicando-lhes que estávamos de mudança. Apesar do discurso otimista, sabia obviamente que seria duro. E foi.

A notícia se espalhou rapidamente. Estava vejelando em Niterói no dia seguinte quando chegou uma equipe de filmagem de TV. À noite, o *Jornal Nacional* já noticiava que eu assumiria uma diretoria no Indesp.

Fui para Brasília sem qualquer vínculo político-partidário. Logo na minha chegada, fui perguntado sobre minha relação com a política e com o PSDB, partido do Fernando Henrique.

– Entendo que fui convidado pela exposição de imagem de superação que gerei. Mas até agora ninguém havia perguntado se eu tinha laços políticos.

Estava decidido a manter minha posição. Nunca fui filiado a partido nenhum por falta de oportunidade, mas sempre fui um ser politizado, influenciado pelo meu pai, com quem conversava diariamente sobre política. Conforme revelei em entrevista a uma revista masculina, tinha como referência inicial o Luís Carlos Prestes, o "Cavaleiro da Esperança". Depois, tornei-me brizolista ferrenho, sempre votava nele ou baseado em suas orientações. A estrutura de um socialismo democrático pregada por ele me convencia. Até verificar, mais tarde, que a esquerda brasileira se desvirtuara. Os erros de quando ocuparam o poder eram os mesmos que criticavam, o apego aos cargos e ao poder era maior do que a vontade de implementar aquelas ideias.

Mas, até ocupar aquele cargo, nunca tinha votado no FHC. Ou melhor, até teria votado nas eleições de 1998, se não fosse o acidente com a lancha.

Quando questionaram qual partido eu representava, respondia que era o "Partido do Esporte". Eu quis dizer que defendia o esporte, mas muita gente levou a coisa ao pé da letra e um dia me apresentaram uma ata para a criação do tal partido.

Fui pego de surpresa, mas argumentei que um "Partido do Esporte" seria inviável, já que sua plataforma não englobaria outras áreas tão importantes para a sociedade, como educação, saúde, segurança, cultura etc.

Quando chegamos em Brasília, alugamos um apartamento na mesma quadra onde morei com meus pais por sete anos, na década de 1970, a 112 Sul. No primeiro passeio com a família pelo bairro, reconheci tudo, dos prédios à quadra.

Experimentei um saudosismo muito gostoso. Foi como uma máquina do tempo.

– Era ali que eu passeava com o vô Preben. E era naquela quadra que eu brincava com meus amigos, irmãos e o cachorro – contava para a Renata, enquanto ia apontando para os lugares.

Achei incrível, mas estava praticamente idêntico a como havíamos deixado nos anos 1970. Foi reconfortante.

Fiquei atento para ver se cruzava com algum amigo daquela época, mas todos haviam saído de lá.

Logo que nos mudamos, informaram-nos que o valor do auxílio-moradia era de R$ 1.800, uma boa quantia à época para alugarmos um apartamento.

Descobri que muitos alugavam um apartamento por R$ 1.300 e negociavam com o locador a emissão de uma nota no valor de R$ 1.800, então essas pessoas conseguiam pagar o IPTU e o condomínio com o auxílio-moradia. Isso é praxe em Brasília. Mas quando recebi o Código de Ética dos Servidores Públicos, dei-me ao trabalho de ler. Estava escrito que o auxílio-moradia não poderia ser usado para pagar IPTU e condomínio.

Como nosso aluguel era de R$ 1.400, esse foi o valor que pedi para receber.

Um dia, fui convidado por um órgão de controle de gastos a prestar esclarecimentos.

– Bom dia, senhor Grael. A gente percebeu em nosso banco de dados que você só gasta R$ 1.400 de aluguel, enquanto todo mundo gasta R$ 1.800. Como você explica isso?

– É que é o valor do meu aluguel.

– Mas tá errado. Você tem que receber R$ 1.800 por mês.

– Seriam R$ 1.800 para pagar o aluguel, não? Mas se meu aluguel é menor do que R$ 1.800, como é que vou declarar o valor cheio?

– E como é que você resolve o IPTU e o condomínio?

– É que eu vi no Código de Ética que isso aí tem que pagar por fora. Então estou pagando do meu bolso.

Só então percebi que estavam chamando minha atenção como se estivesse fazendo algo errado. Dei o assunto por encerrado, me despedi e fui embora. É mole? Aí você vê como as coisas funcionam em alguns lugares.

No Indesp, logo passei a conviver com um outro funcionário, o professor Manoel Gomes Tubino, idealista e experiente na gestão pública, com quem aprendi muito. Tubino era presidente do Indesp, além de mestre em gestão esportiva, e tornou-se grande amigo.

Ele foi um ícone na gestão do esporte brasileiro. Além de ter uma vida como professor de Educação Física, trabalhou na Escola Naval, foi técnico de basquete e ocupou cargos federais ligados à Educação Física cinco vezes, com ênfase na inclusão.

Foi ele, por meio de sua insistência com políticos, o responsável pela inclusão do artigo 217 na Constituição Federal, o único que fala de esporte.

Apesar de eu ter uma visão competitiva do esporte e ele a visão de saúde e inclusão, para mim ele se tornou uma fonte inesgotável de informações. Tanto que algumas vezes a Renata tinha que ligar no Indesp para perguntar sobre mim, pois ficava além do expediente discutindo com o Tubino.

Algumas vezes, fazia o papel de "advogado do diabo". Adotava alguma postura que eu nem concordava tanto apenas para ver as posições do Tubino.

A maior lição que ele me deu? A capacidade de estar aberto e assimilar novas ideias. Não apenas me convenceu de algumas perspectivas como assumiu que, em algumas discussões sobre a formatação de uma política nacional de esportes, mudou várias vezes de posição de acordo com os argumentos que ouvia. Às vezes, a mesma questão tem vários lados e nenhum está obrigatoriamente correto ou errado. Tenho que reconhecer: depois de nosso convívio, tornei-me uma pessoa muito mais maleável em minhas convicções.

Naquele primeiro ano em Brasília, em 1999, assumi meu cargo decidido a me dedicar a ele, viajar pelo país, ajudar na organização e prestigiar competições esportivas, projetos sociais...

Mas aproveitei também para, longe dos holofotes, sem câmeras de TV e sem alarde, voltar a velejar. Começamos a frequentar o Clube Naval de Brasília e o Iate Clube de Brasília. Era mais uma recreação, velejava um pouco no barco dos outros. Mas aquilo que o Eduardo Penido me dissera após a participação naquela regata no fim do ano ainda ecoava na minha cabeça, apesar de eu mesmo não ter tamanha convicção.

Quando chegou o mês de março, liguei para o Nelson Faria, professor de Física na UFRJ e meu sócio no H3+, veleiro de oceano de 31 pés que tínhamos em Niterói. Consegui convencê-lo a levar o barco para Brasília. Só nele poderia fazer os ajustes desejados. Ele não poderia ter sido mais generoso.

– Claro, Lars. Quando você quer levá-lo? Mas lembre-se de que vou querer velejar com você aí em Brasília, hein!

Planejava competir no calendário de vela oceânica do Distrito Federal, que é bastante intenso.

Frequentando as competições, conheci o Flávio Vianna, que tinha levado para lá um Star, barco que considerava o ideal para a região. No final do ano, após conversar com outros praticantes, fundamos a flotilha Paranoá de Star.

Comecei a velejar apenas para manter a forma física e incentivar a vela brasiliense.

Até que, em uma das conversas telefônicas com o Torben, ele sugeriu:

– Por que você não volta a competir na Star?

– Mas já estou fazendo isso. Nas próximas semanas, vou participar de mais uma regata aqui...

– Não, não estou falando disso. Por que você não volta a competir nacionalmente ou até fora do país?

– Porque não tenho mais futuro nisso. Não dá mais para competir internacionalmente. Agora não dá para escorar o barco, fazer contrapeso. – Uma coisa é velejar aqui em Brasília, outra é velejar de forma competitiva, gerar uma expectativa.

– Em quem você está com medo de gerar expectativa, Lars? Dá para velejar com uma perna só, o barco é estreito, não é como um Tornado. Pense nisso...

De fato, naquela noite e em muitas das que se seguiram, fiquei pensando no que ele havia dito.

O Torben foi me visitar em Brasília pouco tempo depois.

– Vem comigo para o clube, vou te mostrar uma coisa.

Chegando lá, ele subiu em um Star e, como havia treinado no Rio, velejou apoiado em uma perna só, mostrando como eu teria que fazer.

– Olha, como o barco é estreito, o cockpit também é. Dá para fazer manobras rápidas. Experimenta.

No fim, ele lançou uma daquelas chamadas "propostas irrecusáveis":

– Vem para o Rio competir... Subindo de nível você pode servir de "sparring" para mim – disse ele, que estava em fase de preparação para competir nos Jogos Olímpicos de Sydney.

Naquele momento, foi como se ele acendesse uma luz que na minha cabeça já estava fechada. Era uma isca olímpica.

Fui para o Rio e corri algumas regatas de Star, no início com resultados não muito bons. Disputamos um campeonato nacional em Ilhabela, no qual um de nossos mastros quebrou e nem entre os dez melhores ficamos.

Naquele momento, meu objetivo não era vencer, estava tentando me ambientar melhor no barco. Continuei a treinar em Brasília e, quando minha agenda no Indesp permitia, competia no Rio.

Nessa época, tivemos uma grande notícia: Renata estava grávida. Tive um pouco de medo por causa dos remédios fortíssimos que havia tomado. Será que poderiam afetar o bebê? Quando a Sofia nasceu, em janeiro de 2000, linda e perfeita, foi uma alegria enorme.

A vida parecia completa. Tanto na família quanto na vela. Motivado para ser o sparring do Torben nos Jogos Olímpicos, a classe Star virou uma forma de autossuperação.

Paralelo ao meu retorno à vela, comecei a enfrentar dificuldades no Indesp. O que começou bem aos poucos se transformou em dor de cabeça, frustração.

O professor Tubino havia deixado o Indesp, magoado com o desgaste que fora trazido para a autarquia na questão dos bingos, e o foco no Ministério do Esporte e do Turismo concentrou-se na agenda da comemoração dos quinhentos anos do Brasil, ofuscando nossas ações do dia a dia.

Para piorar, veio à tona o esquema de corrupção ligado a bingos e máquinas de aposta eletronicamente programáveis. Quem assumiu o Indesp foi outro político de carreira, o ex-deputado federal Augusto Viveiros, do Rio Grande do Norte. Já eu e o Paulão, campeão olímpico de vôlei em 1992, ambos diretores, nos arrastávamos naquela fase desgastante. Por fim, recebi a notícia de que o próximo ministro seria o Carlos Melles, premiado com o cargo após ser o relator no Congresso Nacional de um orçamento da União bastante favorável ao governo.

– Quem é ele, hein? – perguntei.

– É um deputado federal filiado ao PFL de Minas, engenheiro agrônomo e produtor de café.

– Xiii, então estamos ferrados. Ele não é nem do esporte, nem do turismo – previ.

Melles queria o Ministério da Agricultura, mas, como já ocorrera com o Greca, o que sobrou foi a pasta de Esporte e Turismo.

Nesse dia, voltei desanimado para casa:

– Acabou minha missão no Indesp, Renata. Chega, valeu a experiência. Vamos voltar para nossa vida normal.

Um amigo em comum que também velejava, o José Luiz Azeredo, o Zelão, que até hoje trabalha no Ministério do Desenvolvimento, Indústria e Comércio Exterior, tentou me convencer a permanecer no cargo.

– Pô, rapaz. Antes de você pedir demissão conversa com o Melles...

– Não tem conversa. A gente já passou dois anos aturando ministro que não é da área, desgastes que não têm nada a ver com esporte. Estou dando por encerrado meu período por aqui.

– Tem certeza?

– Tenho, não quero ficar.

– Vou te apresentar para ele.

– Não quero conhecer...

Redigi minha carta de demissão e a encaminhei ao gabinete do ministro, que nem havia sido empossado. Não muito depois, meu celular tocou. Era, previsivelmente, o futuro ministro.

– Lars, tudo bem? Gostaria de conversar com você.

– Por quê, deputado?

– Vem aqui em casa. Me dê um voto de confiança.

Fui até o apartamento dele. Por uma questão de educação, achei que era o certo a fazer. Tomei um susto quando vi um monte de gente lá.

Ele me chamou de canto e explicou:

– O presidente me falou que esse Indesp só traz desgaste para o governo. Falou que o correto é extinguir essa autarquia, criar uma estrutura nova, mais leve e ágil. E orientou que poderia mandar todo mundo embora, exceto você.

Eu seguia ouvindo.

– Lars, curiosamente, a única pessoa que me mandou carta pedindo para ir embora foi você. O único que eu tenho que manter. O resto, que eu preciso demitir, quer ficar. O que eu faço?

– Ministro, me desculpe, isso aqui é um pandemônio. Só vim por uma questão de consideração, porque o senhor me chamou, achei que era meu dever me apresentar. Se o senhor quiser, posso ficar mais uma semana, até o senhor encontrar alguém para o meu lugar.

– O que eu posso fazer para você ficar?

Expliquei a ele que o assunto bingos teria que ser extirpado do Indesp, já que o jogo nada tinha a ver com esporte. Lembrei que esse tema foi uma armação do congresso, de um grupo que queria liberar os cassinos no país. Tentaram, não deu certo, e criaram uma "forma de financiamento para beneficiar os esportes". A lei depositava toda a responsabilidade nas entidades esportivas e o dono do bingo sequer aparecia quando surgiam problemas. Sem contar a quantidade de federações, confederações, ligas e clubes que acabaram por causa dos bingos...

– Isso tá tudo errado. Ministro, é uma questão de controle, de auditoria. O Indesp é formado por profissionais de Educação Física. O que esse pessoal tem a ver com jogo de azar?

– Para onde eu mando, então?

– Manda para a Caixa Econômica Federal, não são eles que mexem com sistema de apostas e prognósticos?

Melles ficou sério, analisou por alguns segundos minhas palavras e, finalmente, perguntou:

– É essa sua condição?

– Tem mais uma. Outro problema grave é o das emendas parlamentares, moedas de troca entre os poderes Executivo e Legislativo.

Eu me referia às centenas de emendas de autoria de deputados para construção de ginásios, quadras, centros olímpicos, piscinas, cuja aprovação no orçamento era realizada com base na política, e não em critérios técnicos.

– Ministro, o Indesp não tem engenheiros e arquitetos disponíveis. Como vou acompanhar a construção de uma piscina olímpica no Acre? De um ginásio poliesportivo no interior da Paraíba? Não tem como! Já existe uma defasagem de anos de contas que chegaram e não foram analisadas... Isso é um escândalo.

– Não tem controle?

Fiz que não com a cabeça.

– E qual é a solução?

– A mesma coisa: Caixa Econômica Federal. A Caixa tem engenheiros em toda e qualquer cidade do Brasil. Têm agências em qualquer lugar. Então, se o governo federal vai financiar uma quadra coberta no interior do Rio Grande do Norte, naquela cidade tem uma Caixa. Tem como ela contratar um arquiteto para conferir se o terreno existe, se a obra está acontecendo, se houve ou não fraude na licitação de cimento, vergalhão... Como o Indesp vai conferir isso?

– Então, Lars, são essas duas as suas exigências?

– É isso, ministro.

– Então eu aceito.

– O senhor aceita?

– Sim, agora você fica comigo.

– Tá... Vamos ver.

Sabia que o que havia pedido exigiria mudanças radicais nas estruturas de vários órgãos. Mas ele cumpriu sua palavra. Extinguiu o Indesp no segundo semestre de 2000 para dar lugar a uma estrutura menor, mais enxuta, e vinculada ao ministério, a Secretaria Nacional do Esporte. A partir daí, toda vez que o ministro recebia alguém com alguma questão ligada ao esporte, ele me chamava.

Ele tentou me emplacar oficialmente como secretário, mas esbarrou em um sentimento de perda de poder do PFL.

Como o Ministério do Esporte e do Turismo era contabilizado na cota do PFL, partido da base do governo, o PFL se sentiu traído quando extinguiram o Indesp, cujo presidente era o indicado do senador José Agripino Maia. Quando o Melles tentou me nomear, partiu do PFL o contra-argumento de que nem ao partido eu era filiado e que o PFL não reconheceria um cargo por mim ocupado como sendo da cota do partido. Foi um desgaste.

Estava disposto a assumir o cargo, mas o Melles, com quem eu já tinha construído uma boa relação, não conseguiu me emplacar. Até que chegou uma hora em que ele me procurou e aconselhou:

– Lars, a solução é você se filiar ao PFL.

– Não aceito participar desse toma-lá-dá-cá.

– Mas é assim que funciona. Ou você se filia ou não tem cargo...

– Então eu não quero o cargo. Ele não vai me fazer mais famoso, ou mais nobre. Não acho certo isso de eu ter que servir a um partido com o qual não tenho a menor identidade ideológica em troca de um cargo.

– Mas você tem que ceder, não é assim que funciona...

Acabou que nomearam para o cargo o presidente da Assembleia Legislativa do Rio Grande do Sul, o José Otávio Germano, ligado ao clube de futebol do Grêmio. Mas o Melles ao menos conseguiu me nomear secretário-adjunto. E praticamente respondi sozinho pela pasta, já que o Germano mal frequentava a secretaria. Ele, aliás, nem chegou a esquentar a cadeira. Logo assumiu outro posto.

Finalmente, após trabalhar durante todo o mês de janeiro, o Melles dobrou a resistência do partido. O doutor Jorge Bornhausen, presidente do PFL, acabou me aceitando à frente da secretaria. Mas como condição, nomearam um outro político de carreira como secretário-adjunto, um político sério, mas que não tinha afinidade com o esporte. Ptolomeu Bittencourt foi discreto, amigo e leal, mas optou por voltar rapidamente para perto da família, em Florianópolis.

Foi aí que consegui emplacar um secretário-adjunto sem vínculo com a política, o doutor em Educação Física Luís Celso Giacomini. Luís Celso Giacomini, de Santa Maria, ex-técnico da seleção brasileira de handebol. Àquela altura, o PFL já desistira de mim, provavelmente achando que eu era um corpo estranho que não iam dobrar mesmo. Nessa época preenchi praticamente todos os cargos técnicos com funcionários concursados.

Durante minha estadia em Brasília, a cada dia percebia uma nova peculiaridade da burocracia estatal.

Como fazíamos convênios de cooperação com alguns países que queriam troca de experiência, certa vez o embaixador do Irã me convidou para um almoço. Quando terminamos, ele me deu um quadro de um homem andando a cavalo – um pouco exagerado para o meu gosto –, mas com uma moldura toda machetada, com quadradinhos de madrepérolas e outros detalhes douradinhos. Ele me presenteou como se fosse um quatro valioso.

No entanto, pelo código de ética, à época o servidor público só podia receber presentes de até R$ 200.

"Hmmm. Esse quadro com certeza vale mais que isso, então não posso aceitá-lo", pensei. Mas sabia que se o devolvesse, seria uma desfeita.

Fui embora olhando para o quadro e pensando:

"Gente, arrumei um problema..."

Chegando ao gabinete chamei o encarregado da Secretaria do Patrimônio da União e expliquei o caso.

– Não posso jogar fora, porque ganhei no exercício do cargo, mas também não posso aceitar como presente. Imagino que posso doar isso para a União.

– Você tem realmente certeza de que pretende fazer isso?

– Mas qual o problema? É um presente para o governo brasileiro. Imagino que exista um destino para ele...

– Mas isso vai dar um trabalho...

– Mas não é isso que é o certo? Então vamos fazer o certo.

Naquele momento, pelo olhar dele, deu para imaginar o que nos esperava.

Foi aberto um processo administrativo, houve oitivas, fui chamado para dar depoimento, explicar as circunstâncias em que recebi o quadro para constar no processo, ir à Secretaria de Patrimônio da União para entender como a doação desse quadro para a União deveria ser efetivada. O processo levou meses e meses, foi um tal de vai e vem, parecer, avaliações... Deu para ver como que as coisas no governo às vezes são feitas para não funcionar.

Em outra oportunidade, a convite do almirante Alfonso Barbosa, que, posteriormente, viria a ser secretário de Esporte Educacional na gestão do Aldo Rebelo no Ministério do Esporte levei a família para passar um feriado na base de fuzileiros navais, na restinga de Marambaia.

Na época, o almirante era assessor parlamentar da Marinha no Congresso Nacional e tínhamos ficado amigos.

Ficamos alguns dias naquele lugar agradabilíssimo, tranquilo, seguro, com uma vila e chalezinhos.

Um dia, enquanto passeava por uma praia, já dentro da água me banhando, percebi minha muleta começar a afundar. Rapidamente a agarrei, mas quando puxei, notei que a borracha que fica na ponta e impede os escorregões não estava mais no lugar.

Todos começaram a garimpar a areia à sua procura. Mas, onda vai, onda vem, e nada de encontrá-la. Como era um local distante, achei que tinha acabado a viagem.

– Ih, vou ter que ir embora. Não tenho como andar, só de cadeira de rodas ou pulando que nem Saci.

– Mas não tem outro jeito? – perguntou o almirante.

Olhei para um tapetinho emborrachado que estava por lá onde estávamos hospedados. E dei uma de McGyver, aquele personagem de seriado de TV que fazia bomba com clipes, chiclete e palitos de fósforo.

– Se tiverem uma braçadeira de parafuso, arrumem também uma chave de fenda para apertá-la, e uma tesoura.

Cortei o tapete, enrolei na ponta da muleta, dei duas voltas em uma direção, uma na outra, e apertei aquilo com a braçadeira. Ficou volumoso, mas com aquela borracha embaixo deu para eu me virar até irmos embora.

Passaram-se alguns meses e um dia estava almoçando com o almirante.

– Ah, Lars, foi muito boa aquela ida à restinga, não?

– Aquele é um lugar muito lindo, obrigado por ter nos levado lá – elogiei.

– Sabe que você deixou um legado lá?

Franzi as sobrancelhas ao dar de ombros.

– Que legado?

– Você lembra do tapete que você cortou? Aquele tapete havia sido registrado como patrimônio da União e até foi objeto de sindicância da Marinha...

O almirante me contou que ele e seu assistente, na hora de dar baixa no tapete, tiveram que depor e explicar por que o vandalizaram.

E a burocracia que enfrentaram não foi pequena. Perguntaram: "Quem autorizou cortar?", "Por que não avisou o Patrimônio da União logo de imediato?"

– Almirante, por que não me disse? Eu comprava um tapete e substituía... Deve custar no máximo umas vinte pratas.

– Não, Lars. Não ia adiantar nada, porque teria que ter a mesma marca...

Voltando à minha vida em Brasilia, a rotina sempre foi muito corrida, mas confirmei que o acidente me despertou, definitivamente.

Há pessoas que não alteram seu rumo em termos de vibração. Mas há casos em que você chega perto de alguém e, como no magnetismo, ela lhe provoca uma repulsa. Às vezes, a pessoa tem uma boa aparência, porém você reconhece uma energia negativa.

Uma vez, no aeroporto de Brasília, o Juscelino Kubitschek, um senhor veio me cumprimentar. Senti uma energia muito negativa e, instintivamente, me afastei.

Fingi que estava com as mãos ocupadas por causa da muleta, e ele foi embora. Segui o observando e me dei conta que era o Hildebrando Pascoal, aquele ex-deputado federal condenado por crimes hediondos. Tive primeiro que sentir sua energia negativa para depois identificá-lo.

Outras vezes aconteceu o contrário.

Atrasado para um compromisso externo e com pressa para chegar ao portão de embarque, fui parado por uma senhora baixa, de sotaque nordestino.

– Posso falar com você?

– Pode sim, só que estou morrendo de pressa.

– Eu só queria tocar em você.

Senti um arrepio, uma sensação tão boa... Ela ficou olhando no meu olho, segurando meu braço.

– Eu só queria te tocar e passar uma energia boa.

Logo depois virou as costas, enquanto fiquei pensando o quão bom tinha sido seu toque. Ela não se identificou, até hoje não sei quem é.

Em minha vida pós-acidente, passei a prestar mais atenção a esse tipo de fenômeno.

Foi mais ou menos nessa época, no fim de 2001, que soube da morte de Peter Blake, um ícone da vela. Peter foi vítima de piratas no Amapá, morreu justamente no Brasil, onde estava por acreditar no potencial da Amazônia. Fiquei triste, Peter contribuiu muito para o iatismo, foi bicampeão da America's Cup e membro do Hall da Fama da vela.

Logo depois de saber da notícia pela TV, o telefone tocou.

– Alô. Sim, sim, acabei de saber pela TV... O quê? Representar quem? O presidente? Mas assim... agora?

Mal tive tempo de arrumar as malas. O presidente pediu para representá-lo no funeral do Peter Blake. O ocorrido gerou uma repercussão internacional negativa, e esperavam que minha presença na cerimônia "limpasse um pouco a barra" do país.

O voo para a Nova Zelândia não foi nada tranquilo. Pensava no que dizer para sua família, para seus compatriotas. Nada que passava pela minha cabeça parecia ser bom o bastante... Não conseguia pegar no sono. Ou melhor, em um cochilo, sonhei que estava passando por um "corredor polonês". Ou melhor, neozelandês.

Desembarquei, ainda preocupado, e fui para o hotel, onde um diplomata brasileiro já me esperava. Ele havia redigido um discurso impessoal, que não tinha a minha cara nem transmitia a admiração que eu nutria pelo Blake. Ainda não sabia o que dizer, mas era muito mais do que aquilo. De toda a forma, saber que aquele diplomata estava lá para dividir minha angústia foi reconfortante. É melhor você ter algo para trabalhar em cima do que começar do zero.

– Se você não se importar, talvez eu prefira falar algo menos protocolar. Ele entendeu, mas pediu que me apressasse. O pronunciamento, qualquer que fosse, teria que passar pelo crivo do consulado brasileiro e pela chancelaria da Nova Zelândia. A pressão me fez esquecer o cansaço, e aproveitei o resto da noite para buscar inspiração.

No dia seguinte, 200 mil pessoas se reuniram na praça onde foi conduzido seu funeral. Como ídolo nacional, a cerimônia contou com um discurso da primeira-ministra da Nova Zelândia, Helen Clark, e com uma apresentação de dança Maori. Depois, foi a vez de amigos de Blake lembrarem suas aventuras no mar, sendo impossível não me emocionar com o depoimento de sua mulher, a apresentação de uma poesia por sua filha e, enfim, a leitura por seu filho dos últimos registros de seu diário de bordo, anotados no dia anterior à sua morte.

Da minha parte, fiz o que meu coração mandou. Falei mais como o velejador do que como um burocrata que lá estava para pedir desculpas pelo indesculpável. Agradeci por ter apostado no Brasil e pelo verdadeiro legado ambiental deixado para nós brasileiros. Não sabia qual seria a reação de seus compatriotas, mas me senti primeiro aliviado, depois feliz, quando o discurso foi animadamente aplaudido pelo público.

De volta à secretaria, a meus afazeres políticos, o ano seguinte foi o de maior número de realizações, apesar de ter sido também o de saída do Melles, após o rompimento do PFL com FHC.

Surpreendentemente, os nomes mais cotados para o ministério eram o meu e o do Caio de Carvalho, meu "espelho" na área de turismo.

O Caio, ligado ao José Serra, do PSDB paulista, à dona Ruth Cardoso e ao embaixador Sérgio Amaral, trabalhou bem sua indicação e foi nomeado ministro. Chegamos a ter alguns arranca-rabos quando tentou colocar gente dele na secretaria. Fiz uma resistência, e ele emplacou na Secretaria Nacional do Esporte apenas um chefe de gabinete, o Sidney Attié. Irritado com a forma como chegou, o tratei como um pária.

– Lars, tudo bem? Estava analisando uns dados aqui e tive uma ideia? Será que você pode ouvir?

– Tá, tá... Depois eu vejo, tá bom? – era basicamente minha resposta padrão para ele.

Não dava a menor atenção ao Sidney, mas com o tempo, e muita persistência, ele provou ser uma pessoa maravilhosa. Fui um pouco injusto, reconheço, não dava a ele o menor crédito. Até descobrir que ele era bom, prestativo e leal.

Fora aquele início conturbado, eu e Caio construímos um convívio muito bom, já que ele é inteligente, culto, e o mais importante, como uma das maiores autoridades em turismo do país, tinha uma boa noção de esporte, porque sempre mexeu com eventos.

Foi assim que aprovamos leis importantes, como a de importação de equipamentos olímpicos e paralímpicos que não tivessem similares no Brasil, a CNA, a Lei de Importação, o resgate dos JEB's e a Bolsa Atleta. O Conselho Nacional do Esporte, órgão da secretaria que reunia desportistas, organizava reuniões frequentes, e em uma delas foi aprovada a Lei Agnelo-Piva, que destina até hoje um percentual do dinheiro das loterias ao esporte.

Foi nesse período também que organizamos às pressas os Jogos Sul-Americanos de 2002. A cidade de Córdoba; que havia ganhado o direito de organizá-los, passava por dificuldades financeiras e abriu mão deles. Depois seriam disputados em Bogotá, mas problemas relacionados ao narcotráfico impediram sua realização na Colômbia.

A missão foi trabalhosa, mas estrategicamente correta pensando na eleição dos Jogos Pan-americanos de 2007, que viriam a ser realizados no país. Este evento, por sua vez, foi ainda mais importante para a campanha que trouxe os Jogos Olímpicos de 2016 para o Rio. Os países hispânicos sul-americanos não eram alinhados com o Brasil nas políticas, nem do Consude, que representa as áreas governamentais, nem da Odesur, que reúne os comitês olímpicos nacionais.

Nesse momento, assumi o Consude e o Nuzman, a Odesur. Nossa condição para organizar os Jogos Sul-Americanos foi:

– Nós organizamos, desde que vocês votem na gente na eleição do Pan de 2007.

Com a vitória de Lula à Presidência da República, fui encarregado de preparar a transição na área dos esportes do lado do governo.

Pela imprensa, vi que o PCdoB era o partido mais cotado a receber o Esporte, ainda que o rechaçasse publicamente por buscar algo mais relevante. Mas, nos bastidores, comecei a mostrar a eles que desse limão poderia sair uma limonada. Fiz contato com representantes do PCdoB, como a Nádia Campeão, que tivera uma passagem bem-sucedida como secretária de esportes em São Paulo, e com o então deputado do partido Agnelo Queiroz, atuante na área. Acabou que o partido percebeu que o ministério tinha potencial e o aceitaram.

Até me convidaram para ocupar um cargo no ministério, mas não achei certo, apesar de meu bom relacionamento com a Nádia e o Agnelo. Tampouco queria sentir o gosto de ser exonerado, então entreguei minha carta de demissão no dia 29 de dezembro e, no dia seguinte, já estava fora. E novamente desempregado. Fui passar o Réveillon em Angra dos Reis para esquecer a política e, quem sabe, aproveitar merecidas semanas de férias.

CAPÍTULO 7

AS APARÊNCIAS ENGANAM

Por um lado, fiquei aliviado ao deixar a Secretaria Nacional do Esporte. Fazia tempo que havia prometido algumas semanas de férias à família. Logo que deixei meu posto, as crianças, Trine (quatorze), Nicholas (cinco) e Sofia (dois), começaram a sugerir os locais que gostariam de conhecer.

Era esse espírito que nos envolvia quando, na véspera do Ano Novo de 2003, em um barco em pleno alto-mar no trajeto Rio-Angra, o telefone tocou.

Era uma pessoa que eu não conhecia.

– Oi, aqui quem fala é o capitão Viana, de São Paulo. Pode falar com o governador de São Paulo, Geraldo Alckmin?

Imediatamente senti uma sensação de *déjà vu* que me remeteu àquele início de 1999.

– Falar sobre o quê?

– Ele quer falar com você... Peraí, ele chegou.

Outra voz assumiu a conversação.

– Lars, é o governador Geraldo Alckmin. Você pode vir aqui para a gente conversar?

– Hoje?

– Hoje, sim.

– Mas estou em alto-mar, governador...

– Então amanhã.

– Amanhã... também não dá...

– Você não quer conversar comigo?

– A questão não é essa, governador. É que estou em alto-mar, faltam umas oito horas para eu chegar a Angra. Lá, vou ter que pegar um táxi para o Rio, e de lá um avião para São Paulo. Chegando aí, vou para o Palácio dos Bandeirantes.

– Então venha para cá o mais rápido possível!

Cheguei lá no dia 2. Ele não perdeu tempo com formalidades e me fez um convite:

– Você aceitaria assumir a Secretaria Estadual da Juventude, Esporte e Lazer?

Parei para pensar. São Paulo, uma nova virada na minha vida, outro desafio, as férias das crianças... Mas topei.

Assim, depois de novamente explicar tudo para a Renata e as crianças, os dias seguintes foram dedicados à logística necessária para outra mudança de cidade. Mas não podia reclamar, era uma oportunidade.

A posse contou com a presença de meus irmãos Torben e Axel. Nela, fiz questão de lembrar que meu avô paterno havia sido prefeito do município paulista de Dois Córregos, e que minha nomeação representaria um retorno de minha família ao estado.

Tudo correu bem, até que, dois dias depois, Alckmin me perguntou sobre minha filiação.

– Você sabe que essa secretaria aí é do PFL, não?

– Na verdade, não sabia.

Houve um breve momento de silêncio, até ele retrucar:

– Ué, quem indicou você foi o senador Jorge Bornhausen.

Ele citou também o nome de Gilberto Kassab, que já era muito influente no cenário político.

– Não, quem me indicou foi você, governador.

Notei que ele ficou um pouco desconcertado. Mas, político habilidoso que é, Alckmin logo defendeu suas necessidades.

– Eu sei. Você é muito importante para nós, mas quem deu o apoio político foi o PFL.

– Governador, estou aqui é para desempenhar um papel no esporte...

– Preciso que você se filie ao PFL.

– Mas governador, eu te contei toda a minha história de vida, não tenho nada a ver com isso.

– Lars, pessoas próximas a mim me falaram muito bem de você, que passou a ser uma pessoa de minha confiança. Preciso de pessoas assim em um partido aliado. Se não tiver ninguém "meu" lá dentro, muita coisa pode acontecer fora de meu controle.

– Essa é minha missão para você.

Demorei alguns segundos para responder. Tive de respirar fundo.

– É... Vai ser uma missão, mesmo. Tenho mais amigos no PCdoB e no PT do que no PFL.

Foi assim que me filiei ao PFL. O convívio não foi nada fácil, já que nunca tivemos afinidade ideológica. E uma vez mais tive de resistir contra intromissões políticas em uma secretaria que eu estava à frente. Infelizmente, não era novidade, mas fui tocando a vida.

Àquela altura, fazia um tempo que eu sofrera o acidente no qual perdi a perna. Mas, já em São Paulo, ainda me sentia uma espécie de para-raios quando se tratava de acidentes semelhantes ao meu. Não paravam de chegar às minhas mãos relatos de pessoas com experiências parecidas. Muitas vezes só queriam dividir suas aflições ou pedir conselhos.

Naqueles primeiros meses de 2003, houve um acidente envolvendo uma lancha e uma família que se divertia com um *banana boat* em Itacuruçá, no Rio, ganhando muita repercussão na mídia. Uma professora chamada Andréia, que estava no *banana boat*, acabou atropelada e teve as duas pernas ceifadas pelas hélices.

Tudo isso foi filmado, repercutiu, o caso ganhou espaço em programas de alcance nacional.

No auge de sua agonia, a família pensou em mim: "Lars Grael, superação, mar, acidente, lancha, perdeu a perna e tal."

O marido dela me ligou e perguntou se eu não poderia visitá-la no hospital, levar um depoimento de ajuda, incentivo, estímulo, dizer que a vida continuava. Fui na condição de que não dessem publicidade a isso. Não queria, digamos, faturar em cima da desgraça alheia, porque tinha muita imprensa cobrindo. Entrei pela porta dos fundos do Hospital Samaritano, no Rio.

No caminho, fui pensando. O que falaria para ela? Uma moça jovem, professora da rede pública, a vida inteira pela frente, perder as duas pernas... Era agora que ela seria feliz?

Fui com muito medo. Quando ela me viu entrar na UTI, abriu um sorriso, demonstrou alegria e eu, sem graça, fiquei tentando puxar papo.

– Olha, não sei se você sabe quem eu sou...

– Lógico que sei.

– Tô aqui para trazer um depoimento de vida... Eu... passei por uma situação semelhante. Sei que no meu caso foi fundamental para entender o sentido da vida, da recuperação, eu me espelhar em pessoas que trouxeram exemplos de superação, que deram a volta por cima. Então carrego essa responsabilidade de fazer isso pelos outros. Nós temos uma limitação de ordem física, mas posso afirmar que em nada vai limitar nossa capacidade de sermos felizes, de realizar nossos sonhos. É uma dificuldade? É, física e mecânica. Sabendo levar, você não vai encarar isso como "minha vida acabou". De forma nenhuma.

Esse era um discurso que eu já tinha mais ou menos pronto, uma mensagem que já havia passado para outras pessoas. Enquanto olhava para ela, percebi que me fitava com um sorriso, de uma forma muito positiva, otimista até.

"Será que não caiu a ficha ainda?", pensei.

Imaginei ser efeito do trauma, misturado com um estado de euforia por causa da cobertura de mídia.Talvez, ao perceber a realidade, cairia em depressão. Afinal, o que ela tinha para reunir tanta força de vontade?

Andréia me explicou que era católica, mas uma amiga dela emprestara um livro kardecista chamado *Nada é por acaso*. De tão interessada, ela o levou para Itacuruçá e, enquanto familiares e amigos desfrutavam a praia, Andréia ficara na pousada terminando de ler.

Assim que acabou, pôs o biquíni, a canga e foi para a praia. Minutos depois, sofreu o acidente.

– Foi desígnio, estava no meu caminho. Vou encarar como um desafio e superar.

Aquele livro ter caído em suas mãos poderia ser uma simples coincidência, mas o fato é que quando a visitei ela irradiava superação.

De tão impressionado, falei para sua família:

– Gente, eu vim aqui para ajudar essa moça, e foi quase o inverso que aconteceu. Eu é que fui ajudado, porque o espírito dela me impressionou. Achei que fosse encontrar uma tragédia e dei de cara com uma referência.

Saí do hospital certo de que aquele livro, como o próprio título indicava, não chegara por acaso em sua vida.

As oportunidades para fortalecer meu contato com a espiritualidade continuaram surgindo. À frente da secretaria, vivi outras situações que me fizeram pensar.

Uma das minhas atribuições à época era a gestão do Parque da Juventude, erguido onde ficava o presídio do Carandiru.

O parque havia sido dividido em três áreas, uma de esportes e lazer, inaugurada assim que tomei posse; outra, o parque central, de contemplação da natureza; e a última, onde ficavam antes os pavilhões do Carandiru.

Dos nove que existiam, quatro foram preservados, sendo criadas dependências que serviriam como áreas de conhecimento.

Mas o lugar estava carregado de energia negativa. Imagine quantas décadas de maldade, crimes e condenados vivendo por ali. O massacre do Carandiru, a rejeição da população em frequentar aquele espaço...

Quase tudo que nós planejávamos para lá dava errado.

Lembro que, quando o parque foi inaugurado, um padre participou da cerimônia e, na presença do governador, abençoou aquele espaço. De nada adiantou.

As árvores que plantávamos morriam. A gente regava, fazia tudo que nos orientavam e nada. A paisagista que trabalhou no projeto, Rosa Kliass, conceituada na área, não conseguia detectar o problema.

Eu dizia nas reuniões:

– Gente, precisamos de algo mais forte para espantar essa uruca daqui...

A poucas semanas da inauguração do parque central, pedi uma audiência com o Alckmin.

– Governador, nessa próxima cerimônia, em vez de a gente chamar um padre para benzer o parque, tenho uma ideia melhor.

– O quê?

– Se o senhor permitir, vamos fazer um culto ecumênico.

– Como assim?

– E se a gente chamar líderes de várias religiões para todos juntos abençoarem o parque? Governador, esse lugar tem uma energia pesada demais.

Convidamos as maiores autoridades das principais religiões, que atenderam nossa convocação. O arcebispo de São Paulo, o xeque Jihad, representando o islamismo, o rabino Henry Sobel, a Igreja evangélica, um pai de santo líder do candomblé. Foi bacana, todos ali de mãos dadas, unidos, fazendo uma cerimônia juntos.

Claro que a maioria das questões que enfrentei no comando da secretaria não tinham relação com a espiritualidade.

Muito pelo contrário.

Produzíamos convênios diários com entidades das mais variadas modalidades. Um deles foi para um Campeonato Sul-Americano de Kitesurf.

Após a aprovação, a Casa Civil autorizou o pagamento, o convênio foi formalizado e a certidão, assinada.

Meses depois, em um jantar em Ilhabela com o então prefeito Manoel Luiz, lembrei-me do campeonato.

– Prefeito, como foi o Sul-Americano de Kitesurf?

– Qual Sul-Americano?

– Ah, o de kitesurf, prefeito.

– Não teve nada disso aqui, não...

Comecei a ficar com a pulga atrás da orelha.

– Como não teve?

– Eu tô te falando, Lars. Ilhabela é pequena, qualquer evento eu estaria sabendo...

Nesse ponto, o prefeito é que começou a não entender a minha insistência.

– Não pode ser. Eu mesmo assinei o convênio.

–Mas, aqui, não aconteceu. Depois dá uma checada lá na secretaria...

Foi a primeira coisa que fiz ao retornar a São Paulo.

– Gente, procurem a pasta do convênio do Sul-Americano de Kitesurf, por favor.

Entregaram-me uma pasta com informações sobre sua realização, prestação de contas, até o clipping de imprensa. Tudo direitinho. Então, perguntei para um técnico:

– Já analisaram a prestação de contas disso aqui?

– Tudo certinho.

Dei um tapa na testa, balancei a cabeça e informei:

– Gente, esse Sul-Americano não aconteceu...

O valor liberado era correspondia a R$ 30 mil, R$ 40 mil de dinheiro público. Pagava uma parte do evento.

– Tem alguma coisa errada... O que eu faço agora? Esses caras prestaram contas e vocês aprovaram...

Em um impulso, me levantei da cadeira, desci as escadas e fui até a ouvidoria da secretaria.

– Pois não, secretário?

– Secretário, não. Estou aqui como cidadão para fazer uma denúncia.

A moça que atendia ficou espantada, mas prossegui:

– Registre que eu tenho ciência de que um Sul-Americano de Kitesurf não aconteceu, apesar de a prestação de contas mostrar o contrário.

Foi aberto um processo administrativo, e a entidade, ligada à federação paulista da modalidade, apareceu para se justificar, alegando que houve vários problemas e que o Sul-Americano havia sido transferido para São Sebastião.

– E vocês não alteraram o plano de trabalho? E esse clipping de imprensa mostrando que a competição foi em Ilhabela?

Descobri então que eles haviam organizado um evento de menor porte, uma etapa do Campeonato Paulista. Depois da descoberta de fraude, a entidade, pequena, teria de devolver o que havia recebido, mas ficou inadimplente e quebrou.

Naqueles dias, embora já não tivesse mais nada a ver com o governo, reapareceu no meu caminho o que eu considerava ser uma "herança maldita" ainda da época de Brasília.

Quando ainda estava à frente da secretaria nacional, o Clube do Remo, do Pará foi rebaixado no Campeonato Brasileiro de Futebol naquele famoso episódio de "virada de mesa" que beneficiou o Fluminense e o Botafogo. Nem dei muita atenção, já que aquilo nada tinha a ver com os assuntos da Secretaria Nacional do Esporte.

Mas, um belo dia, chegou uma notificação informando que eu estava sendo processado na Justiça do Pará em uma ação popular por perdas e danos morais ao povo daquele estado por não ter evitado o rebaixamento do Remo.

Achei que fosse coisa de algum torcedor indignado, porém vi que o autor da ação era um cidadão com um cargo no Remo e, coincidentemente, vice-prefeito de Belém. Pertencia também a um partido de oposição à gestão do presidente FHC. Deve ter pensado: "Vou fazer uma média com meu eleitorado e ainda aproveitar para prejudicar esses caras do governo."

Fiquei preocupado, pois não sabia como me defender em uma ação que corria no Pará. Procurei a Advocacia Geral da União (AGU), e o advogado Gilmar Mendes disse para eu ficar tranquilo, pois tiraria aquilo de letra. Mesmo assim, quando deixei o Governo Federal, a ação ainda corria à minha revelia e eu não teria mais a AGU para me defender. Era preocupante.

Certo dia, quando fui a Belém ministrar uma palestra, o que eu fazia para complementar meu salário na secretaria paulista, o passageiro que sentou ao meu lado no avião puxou papo.

– Lars, mas que prazer! Eu o admiro muito, todo mundo o respeita muito, independentemente de você ter feito parte do governo FHC – disse o passageiro, que era o prefeito de Belém, do PT.

– Se o senhor acha isso, poderia resolver um problema para mim? O senhor sabe que corre um processo contra a minha pessoa no Pará?

– Não estou sabendo.

– Deveria saber, porque isso foi bem noticiado pela imprensa do Pará à época. "Fulano" não é seu vice?

– Sim, é sim.

– Pois é, ele moveu uma ação popular contra mim com a questão do Clube do Remo. O senhor acha que teria cabimento eu, como secretário nacional, fazer uma intervenção numa entidade de direito privado para garantir a normatização e a regularização dos clubes de futebol?

– E o que eu posso fazer?

– Se o senhor me admira mesmo, faça-me esse favor: ligue para seu vice e peça que retire essa ação, pois não tenho nada a ver com as maracutaias da CBF ou de clubes de futebol.

– Pode deixar.

Uma semana depois, recebi uma ligação dele:

– Lars, sabe aquela ação? Foi retirada. Se eu soubesse, isso nem tinha acontecido.

– Olha, vou ser eternamente grato ao senhor. Porque esse era o tipo de dor de cabeça que eu levaria anos para resolver. Por mais que não fosse nada, até eu provar que focinho de porco não é tomada...

Pude, assim, concentrar minha atenção nos afazeres da secretaria.

O tempo passou e, aproximadamente um ano depois de assumir a secretaria, fui chamado para uma conversa na casa do ex-vice-governador Claudio Lembo. Além dele, estavam lá o secretário estadual de Justiça, Alexandre Moraes, e o Kassab.

Ouvimos que precisávamos deixar nossos cargos no governo, pois estava chegando o prazo para desincompatibilização.

Em 2004, o PFL tinha como pré-candidato à prefeitura de São Paulo o então deputado federal José Aristodemo Pinotti. Era uma candidatura de posicionamento para depois negociar com os aliados. Mas as pesquisas de opinião mostravam que o Pinotti tinha pouco apoio. Na hora H, o PFL formou uma coligação com o PSDB, cenário que todo mundo já imaginava, e ia indicar o vice da candidatura de José Serra.

– Precisamos que vocês deixem seus cargos para estar elegíveis – disse o doutor Lembo.

– Porque os dois nomes que temos hoje, vendáveis perante a negociação eleitoral, são os de vocês – explicou Kassab, referindo-se a mim e ao Moraes.

– Espera aí, vocês combinaram isso com o governador? – perguntei.

– Ele está sabendo – assegurou Kassab.

– Que vou deixar o cargo? Ele não falou nada comigo.

– Nós estamos falando, o Lembo é o vice-governador – Kassab procurou me tranquilizar.

Fiquei um tanto desconfiado com aquela história e fiz questão de demonstrar minha insatisfação.

– Não quero, não é meu projeto de vida. Nem sou um habitante de São Paulo com experiência para exercer um cargo executivo numa metrópole de tamanha complexidade. Quem quiser um cargo desses tem que ser, no mínimo, um profundo conhecedor da cidade.

– Vocês são nomes importantes, num instante aprendem. Têm de estar à disposição do partido – disse Kassab.

– Tá bom, mas vou falar uma coisa. Sou novo na política, ingênuo, mas não sou burro. Sabe a leitura que eu faço disso tudo?

– Qual? – perguntou Kassab.

– Que toda esta movimentação está sendo feita para você, Kassab, se posicionar como vice-prefeito. Se for isso, me avise, que não vou perder meu tempo me afastando do governo para colocar meu nome à disposição sem saber se vou ser aceito por você ou pelo candidato deles.

Kassab procurou me acalmar.

– Vocês são figuras de frente do PFL. Nós conversamos com o Serra, são nomes que eu gostaria de apresentar. Você não pode me acusar de estar usando o partido em favorecimento próprio. Se quisesse usar o partido a meu favor, eu teria sido o vice-governador. Apoiei o professor Claudio Lembo porque ele é uma pessoa respeitada do partido, foi nossa decisão de colegiado. Não pensei em mim. Estou precisando que vocês deixem o cargo... pelo partido.

– Tudo bem. Só precisava ouvir isso, porque a sensação que eu tenho, sendo franco, é que você quer ser vice-prefeito. Só peço para não me expor a uma situação dessas. Não estou pedindo para deixar o cargo e muito menos para me candidatar a vice-prefeito.

– O que vale é o fio do bigode, o que eu combinei com você... – tranquilizou Kassab.

– Então tá ótimo!

Quando estávamos indo embora, eu e o Moraes seguíamos sozinhos quando ele me perguntou o que eu havia achado daquilo.

– Para ser sincero, acho que estamos numa aventura.

Nas semanas seguintes, apesar de ter existido uma empatia inicial com o Serra, e terem chegado a publicar que eu seria o candidato a vice-prefeito, começaram a surgir notas negativas em colunas de bastidores de jornais. Elas “informavam” que minha candidatura não era bem vista pelos partidos envolvidos, pareciam plantadas por alguém bastante habilidoso politicamente, do meu próprio partido, com a finalidade de queimar qualquer possibilidade de eu sair como candidato a vice-prefeito. Estava sendo usado como peça de sacrifício para alavancar outro resultado final, o que foi me deixando cada vez mais frustrado com o meio político.

De todo modo, mantive o combinado. Até receber uma ligação do ex-vice-presidente da República, Marco Maciel, enquanto palestrava em Curitiba. Seu aviso foi que Kassab seria o indicado a vice, não eu.

– Sempre soube disso, só lamento que a coisa tenha acontecido dessa forma – lamentei, agradecendo sua consideração por me avisar antes que eu ficasse sabendo pela imprensa.

Fui reconduzido ao cargo de secretário, mas consciente de que não havia nenhuma afinidade ideológica, ou prática, com o PFL. Senti-me traído, especialmente pelo partido, que alguns anos depois chegou à prefeitura.

Aquele não foi o ponto final de meu envolvimento com a política. Havia uma pressão enorme para que eu concorresse ao cargo de deputado federal, e o PFL chegou a registrar um número para mim no Tribunal Regional Eleitoral (TRE): 2525. Segundo o Lembo, seria um número fácil de decorar e bom para digitar na maquininha, além de ser uma duplicação do número do partido.

Fiquei com aquilo na cabeça por alguns dias. Tinha hora em que eu pendia pela candidatura, e em outros momentos estava decidido a dizer "não".

Fui me aconselhar com um conhecido do mundo da política, o então prefeito de Guarulhos, Elói Pietá. Marcamos um almoço no

Café Girondino, perto do Pátio do Colégio e da secretaria, no centro de São Paulo.

– Ô, Lars, mesmo você sendo um secretário de governo do PSDB, e eu, um prefeito do PT, tenho a maior admiração por você. Continuo lhe vendo como velejador, homem público, de bem e herói, sem estar associado a nenhum governo.

Ele disse que, se eu me candidatasse, estaria praticamente eleito. Além disso, dentro do possível, ele me ajudaria na área de esporte, já que eu era muito admirado em Guarulhos.

– Agora, se você se elege deputado federal por um partido, acho que essa isenção acaba, passando a ser avaliado como deputado, não mais como atleta. Então, a contribuição que acho que você tem a dar formando opinião fora da política é maior que dentro dela, na qual você passa a ser um quinhentos e pouco avos de um congresso nacional indigno. Você não vai mudar o sistema, Lars. Ou se adapta e passa ser mais um a ter uma retórica bonita e uma prática não condizente, ou vai virar um inimigo do sistema e eles vão te destruir. Então, cuidado. Você pode influenciar a sociedade muito melhor de fora, sem cargo eletivo.

Aquilo veio de um político experiente, que não estava interessado nem na minha eleição, tampouco no meu afastamento. Municiou-me de prós e contras. Foi um episódio marcante porque, francamente, estava buscando argumentos justamente para não entrar na política. Àquela altura, minha decisão estava tomada.

Deixei o cargo em março, e meu último compromisso político em São Paulo foi ajudar o Alckmin na campanha à Presidência da República.

Coordenei o programa de governo na área de esportes, apesar de ter sido outra decepção. Você investe muita energia em produzir um programa de governo para descobrir que, no fim, tudo não passa de uma obra de ficção. Independentemente do partido, os candidatos nem leem o programa que estão apresentando à sociedade. Só o fazem uma vez eleitos, e aí dizem que a coisa "não é bem assim". Hoje, quando me chamam, não participo mais. Naquela época, ainda tinha um certo idealismo nesta causa.

Após essa experiência decepcionante, decidi que voltaria para Brasília. Àquela altura, conseguia segurar as despesas com minhas palestras, ainda que no início eu desconfiasse desse tipo de atividade. Lembro de minha primeira palestra como se fosse hoje. Percebi que aquele público, de vendedores desmotivados, composto 95% por homens, ouvia burocraticamente o que eu falava, até citar o momento em que a enfermeira Cláudia perguntava se podia abaixar a calça. Claro, era para mostrar sua prótese, mas acho que aquilo mexeu com o imaginário daqueles homens. No momento em que falei aquilo, todos eles "acordaram", passando a prestar uma baita atenção.

No início, ficava inseguro e não me achava bom o bastante para falar em público. Lentamente, assistindo a outros palestrantes, fui entendendo a dinâmica e o modo como relacionavam suas experiências com o dia a dia. Ao dar minhas próprias palestras, fui percebendo o que emociona ou gera indiferença, o que agrada ou gera repulsa, esse processo de troca. Aos poucos compreendi também que o tipo de palestra depende do seu público: se a audiência será composta por apenas seis executivos ou 3.500 funcionários de uma rede atacadista.

Foi assim que acabei ampliando minha carteira de clientes. Fora isso, ainda meio sem rumo, achava que a distância da política faria bem para desanuviar a cabeça. Era a época do mensalão, de inversão de valores da democracia depois de vivermos o regime militar, as Diretas Já, o Comício da Candelária, a eleição e o afastamento do primeiro presidente eleito pelo voto direto, o Itamar e o Plano Real e a consolidação da economia e da democracia.

E depois de tudo isso, o Brasil caminhava para a "cleptomania" e a impunidade. De fato, me afastar foi a melhor decisão.

CAPÍTULO 8

FLEXIBILIDADE É A GRANDE FIRMEZA

Em 2006, ainda em São Paulo, recebi uma ligação do Roger Wright, que àquela altura havia se tornado um líder do setor empresarial do esporte. Ele queria me encontrar para apresentar uma proposta, mas só a revelaria pessoalmente, o que me deixou intrigado.

– Lars, o que você acha de ser presidente da Confederação de Vela?

Aquilo me pegou de surpresa. Nunca havia me imaginado "do outro lado do balcão".

– Eu acho que... Bem... Olha, não sei se... – me enrolei.

Mas ele, adotando meu próprio argumento de que não adianta atirar pedras na vidraça, mas oferecer soluções, me dobrou.

Fui eleito, mas me deparei com uma dívida enorme, descoberta logo nos três primeiros dias, herança da má gestão da época dos bingos.

Por conta disso, o Roger procurou o Nuzman e houve uma intervenção na confederação, cuja diretoria foi totalmente destituída. Ou seja, minha gestão como cartola durou menos de uma semana.

O Roger se viu meio culpado por me colocar naquele barco furado e surgiu com outra ideia:

– Sabe de uma coisa? Acho que você tem que ter uma experiência empresarial.

Lembrei ao Roger que já havia passado por esse tipo de experiência, como proprietário da fábrica de vela de barcos, entre1985 a 1993, dono de uma loja de artigos náuticos em Niterói e sócio em uma creperia.

Mas não era nada daquilo que ele tinha em mente. Sem eu saber, o Roger havia conversado com o José Luiz Alquéres, presidente da Light. Ele tinha recém-assumido a companhia, em um movimento de recuperá-la.

A Light era uma empresa canadense privada até o fim dos anos 1970, quando foi estatizada para o sistema Eletrobras. Mais tarde, com as privatizações do setor de energia, a francesa Électricité de France (EDF) passou a controlá-la. Os franceses tiveram muitas dificuldades para entender a cultura da informalidade, do furto de energia, até que venderam a empresa para o grupo Rio-Minas Energia. Foi nesse contexto que Alquéres, ao organizar um grupo junto com o Roger, assumiu a Light e me procurou.

Eu já o conhecia de vista da ponte aérea, mas ser convidado para ser diretor de lá foi uma surpresa.

– Mas por que logo eu? Nem sei a diferença entre 110 e 220 volts...

– Preciso mudar a relação da empresa com o público. Entendemos que a Light está distante dos consumidores, perdemos o respeito que tínhamos. Preciso de uma cara nova, com credibilidade e imagem competitiva. E não se preocupe com essa história de não entender muito de energia. Você vai aprender o que precisa. O que sei é que você é a pessoa certa para esse cargo.

Não precisei pensar muito, já que havia deixado meu último emprego fixo há quase um ano, mas havia complicadores.

Pensando na qualidade de vida, já que meus filhos com a Renata ainda eram pequenos, comprei uma casa em Brasília. No entanto, agora estava com um emprego no Rio, retornando para a capital somente aos finais de semana. Além disso, minha agenda ainda estava tomada por palestras e competições de vela.

Preferimos não nos mudar para o Rio, porque não queria ficar transferindo de escola toda hora o Nicholas, que estava com 10 anos, e a Sofia, com 7.

Mas era fato que estava um pouco ausente em casa. Se não tivesse percebido, um episódio faria acender a luz vermelha.

Naquela época, já havia muitos casos de divórcio. Um dia, as professoras da escola dos meus filhos fizeram um exercício de dinâmica de grupo para mostrar que isso era comum, visando minimizar a tristeza pela separação dos pais.

– Quem tem os pais separados, levante a mão.

Como o Nicholas e a Sofia ergueram o braço, a orientadora chamou a Renata para uma conversa. Quando soube, fiquei chocado.

– Para você ver como as coisas estão aqui, seus filhos acham que não somos mais um casal.

Vi que havia alguma coisa muito errada, a ponto de meus filhos pequenos terem a percepção de que o pai é tão ausente que está separado da mãe...

Aquilo me fez refletir muito se deveria continuar na Light. Decidi que ainda era melhor ficar, afinal, precisávamos daquele dinheiro para nos manter. Mas, de tempos em tempos, enfrentava crises de consciência.

Para economizar o dinheiro que gastaria com hotel, morava com minha mãe no bairro de São Francisco, em Niterói, e trabalhava no centro do Rio.

Havia deixado a casa dos meus pais muito novo, pois meu primeiro casamento aconteceu quando eu tinha apenas 21 anos. Agora, voltava a morar com minha mãe 22 anos depois. Como meu pai já não era mais vivo, aquele convívio dava um certo conforto para ela.

Não posso negar que abria um sorriso quando minha mãe Ingrid vinha com aqueles papos: "Mas você está magro, hein, filho? Tá na hora de se alimentar direito", "Você vai trabalhar com essa roupa toda amarrotada? Dá essa camisa aqui, que eu passo" ou "Nossa, chegou tarde esta noite"...

Conversávamos também sobre política, o que trazia de volta um pouco daquele gostoso convívio que eu havia perdido.

Três ou quatro meses após eu recuperar essa vivência, em abril de 2007, ela começou a reclamar de dores na região do pâncreas, e tive de insistir para que fosse ao hospital. O médico percebeu a gravidade e pediu alguns exames. O resultado foi a descoberta de nódulos no pâncreas, exigindo uma cirurgia ainda naquele mês.

Durante a operação, fiquei preocupado quando ele veio falar comigo mais rápido do que era esperado. O doutor explicou que simplesmente abriu o local e fechou.

– Infelizmente agora já não há muito o que fazer. Eu sinto... A expectativa de vida dela é de semanas – me comunicou.

Foi um desespero.

Apesar de a família já ter um histórico de câncer, para nós a notícia foi devastadora.

Resgatando sua herança viking, ela colocou na cabeça que iria vencer a doença e teve uma força de vontade invejável.

– Vou me curar, vou me curar – repetia bravamente, enquanto pesquisava na internet informações sobre a doença, casos de pessoas que haviam conseguido se recuperar. Descobria possibilidades, consequências e sintomas.

Ela passou a alternar o tratamento intensivo com quimioterapia, que tinha um efeito arrasador, e a tentativa de levar uma vida normal.

Algumas noites, era duro chegar em casa e encontrar minha mãe naquele quadro. Mas foi bom porque eu tive a oportunidade de dividir aquele tempo com ela. Além de tudo, ela ia desafiando a previsão de "apenas algumas semanas de vida"...

Paralelamente ao drama familiar, fui desempenhando minha função na Light, onde era superintendente do público, cuidava do conselho de consumidores, da ouvidoria e do Instituto Light, responsável pelo departamento de produção cultural e esportiva.

Como tratava do setor de comunicações da empresa, às vezes era também chamado para conceder entrevistas sobre algum problema em subestações, ou eventos parecidos. Passava por um briefing ministrado pela assessoria de imprensa, mas sempre ficava preocupado com a possibilidade de alguém me fazer uma pergunta mais técnica. Não queria falar nenhum disparate.

Por isso, fiz questão de fazer os cursos da Light, que trazia professores para o Rio. Parte eu estudava por conta própria, e até viajava a São Paulo para frequentar aulas sobre eletricidade na USP, organizadas por um *coach* que a empresa me proporcionou. Quando diziam que não era preciso tudo isso, minha resposta estava na ponta da língua:

– Não estou pensando só na minha imagem. Se falar besteira, será ruim para a empresa. Pareceria que se preocuparam apenas em contratar um atleta famoso, mas sem conhecimento algum sobre tecnologia.

Aos poucos, fui entendendo o setor como um todo, o básico da física, da energia, marcos regulatórios no Brasil, o setor desde a geração, as técnicas de transmissão, distribuição e comercialização. Quando surgiu um impasse com a Companhia Energética de Minas Gerais (Cemig), esse conhecimento e minha familiaridade com o cenário político, adquirida em Brasília, vieram a calhar.

Em determinado momento, a Cemig, nossa parceira, decidiu adquirir toda a produção de energia da Light, o que era uma opção dada a ela por contrato. Para a Light, foi uma notícia arrasadora, já que no setor de energia o porte de uma empresa não é medido só pelo público atendido, mas também por sua capacidade de geração. Ou seja, o que estava em discussão era a autonomia da Light sobre sua – já limitada – capacidade de geração.

O impasse chegou aos meus ouvidos, e fui procurar o Alquéres.

– Posso tentar reverter isso.

– Como?

– Bom, posso falar com o Aécio Neves.

– Para quê?

– Ele é o governador de Minas, e a Cemig é uma estatal mineira. O Aécio era amigo do Melles, e o encontrei algumas vezes. Quem sabe não consigo convencê-lo?

Na semana seguinte, fui encontrá-lo em Belo Horizonte, onde fui recebido no Palácio da Liberdade.

– Ô, Lars, o que te traz aqui?

– Estou trabalhando na Light, não sei se você sabe...

– Sei, sim, claro!

– E preciso de um favor seu.

– Que tipo de favor?

– Olha, eu não quero me meter. É uma avaliação meramente política, e acho que você pode ajudar a Light e me ajudar.

Pragmático e mostrando que já sabia do que eu estava falando, Aécio logo quis saber:

– Por que eu ajudaria a Light?

– Pense bem, a Cemig é uma grande geradora de energia, concorda?

– Concordo.

– Sua capacidade de geração é uma das maiores do Brasil, é natural que ela queira ampliá-la ainda mais e, consequentemente aumentar seu porte. Está exercendo um direito de comprar toda a geração da Light.

– Você acha isso ruim?

Expliquei a ele que, ao fazer isso, a Cemig aumentaria sua capacidade de geração em menos de 5%, o que faria pouca diferença. Mostrei que ela poderia investir em novos negócios e ter a mesma geração sem aniquilar uma empresa no estado vizinho.

– O que eu quero dizer é que, para crescer 5%, a Cemig vai arruinar os 100% da Light.

E logo apelei para um argumento sensível ao Aécio.

– O Rio é um estado vizinho que você preza tanto e que, no futuro, pode ser importante para você. Além disso, a Light é uma empresa com empatia nacional. Quando um pai chega em casa e encontra todas as luzes acesas, diz ao filho: "Você acha que sou sócio da Light?" Isso já virou jargão. Se fosse estratégico para a Cemig, entenderia, mas sinceramente acho que ela tem mais a perder do que a ganhar...

Despedimo-nos cordialmente e encerramos nossa conversa de pouco mais de meia hora.

Pouco tempo depois, a Cemig voltou atrás e negociou a compra de apenas 50% da geração, medida positiva para ambas as partes. Senti que tinha valido a pena estudar minuciosamente o material informativo da empresa mineira, que, de tempos em tempos, vinha parar sobre a minha mesa.

Fui me aperfeiçoando cada vez mais em minha função. Àquela altura nem havia me dado conta de que já fazia quase dez anos do acidente com a lancha.

Foi quando, durante uma de minhas viagens pela Light, flertei com a morte novamente.

No fim de 2007, fomos a um evento no município de Vassouras, no Rio, onde a Light patrocinava o roteiro cultural Vale do Café.

Nesse encontro, estavam o então governador do Rio de Janeiro Sérgio Cabral, o vice-governador, Luiz Fernando Pezão, secretários de estado e deputados.

Como em praticamente toda cerimônia política, houve enrolação e atraso. O evento terminou além do horário previsto, no fim de tarde. O governador iria embora em um helicóptero, o vice-governador em outro – eles não usavam o mesmo para que, na eventualidade de um deles cair, não ficasse um vazio no poder –, e havia ainda o fretado da Light.

Alquéres me perguntou:

– Lars, você não quer voltar com a gente de helicóptero pro Rio?

– Não quero, não, presidente.

– Mas por quê? É muito melhor.

– Presidente, estou voltando para Brasília, de forma que... Vocês vão pousar onde?

– No estádio das Laranjeiras, no Fluminense.

– Para mim, é roubada. Pegar um táxi em Laranjeiras de noite e ir pro Galeão é um inferno. Então, vou direto para o Galeão.

– Não, não. Vai com a gente para a gente ir conversando.

– Conversando num helicóptero, presidente? Ninguém consegue se ouvir. É um barulho danado.

– Vamos lá, vai ser legal.

De tanto insistir, ele me convenceu.

Dispensei o motorista e embarquei no helicóptero, que estava lotado com praticamente toda a diretoria da Light – não tínhamos o modelo de governança do estado. Embarcaram o presidente, o vice, dois diretores, eu e nenhum copiloto. Nosso helicóptero foi o terceiro a decolar.

Essas aeronaves só voam por visual. Mesmo quando têm instrumentos, não é permitido usá-los, são só auxiliares. O sol já tinha se posto, e eu, por ser velejador, automaticamente observo os pontos cardeais. Onde o sol está nascendo, onde está se pondo, norte, sul, leste, oeste. A primeira coisa que a gente faz é se orientar.

Enquanto a diretoria da Light observava a paisagem, percebi que os outros dois helicópteros seguiram em frente, enquanto nosso piloto deu uma guinada para a esquerda. Fiquei pensando, "o cara virou, qual será seu objetivo?" Mas logo deixei para lá, pensando que o piloto devia saber o que estava fazendo.

Escureceu ainda mais, começou a chover e veio a tempestade. Já não havia mais condições de orientação visual.

De uma hora para outra, a gente parou com um morro parecendo o Pão de Açúcar à frente. O helicóptero não saía do lugar.

Peguei o fone e perguntei:

– Piloto, quando você deu aquela guinada para a esquerda lá atrás, fez uma rota consciente?

– Sim, senhor. É que eu quis evitar o temporal.

– Pelo visto não deu certo, né?! A gente pegou uma chuva forte aqui. E o que você vai fazer agora?

– Ah, eu estou sem condições visuais e tem um morro aqui na frente.

– Isso eu estou vendo. E agora, você vai voltar? Você tá indo para onde? O Rio de Janeiro estava para a direita.

– Ah, eu vim por aqui porque achei melhor.

– Rapaz, se você for aqui reto, a gente vai parar em Minas Gerais. Você tem quanto de combustível ainda?

– Ah, uns quinze minutos.

– Quinze minutos? Ô, rapaz, pousa aí.

– Mas não tem como pousar porque a gente tá em região de Mata Atlântica.

– Eu sei, mas por que você não seguiu os outros dois helicópteros, cara?

– Ah, eles devem estar atrás da gente.

– Atrás coisa nenhuma. Pode chamar pelo rádio, eles já foram embora. Aquela hora que você virou à esquerda era a descida da serra. Eles foram para a Baixada Fluminense.

– Não, não, eles estão aqui.

– Então chama eles.

Ele se comunicou pelo rádio e um dos helicópteros da Polícia Militar respondeu:

– Ô, piloto, cadê você? Por que você saiu de trás da gente? – perguntou o piloto do governo.

Me irritei de vez e disparei:

– Tá vendo? Pergunta onde é que eles estão.

Eles estavam em um pedágio em Seropédica.

– Bicho, eles já estão lá na Baixada. A gente tá aqui em cima da montanha. Vamos voltar, cara. Vamos, volta, você tem pouco combustível.

– Ah, mas vocês demoraram muito pra sair.

– "Demoraram muito pra sair"? Você que é o piloto, que tem a responsabilidade. Se nós saímos tarde demais, cabe a você determinar a responsabilidade de voar ou não. Se tem um temporal para entrar, é preciso avaliar isso, se tem pouco combustível...

– Ah, mas o combustível que eu tinha dava para chegar na boa.

– Dava pra chegar na boa se você fosse pela rota certa, cara. Vamos voltar.

Ficamos naquela discussão até a intervenção de um dos diretores da Light, o Paulo Pinto.

– Olha, se a gente conseguir voltar lá pra região da represa da Light e costear o lago, encontraremos espaço para pousar.

Falei para o piloto:

– Vamos voltar, rapaz.

Toda essa discussão durou uns três minutos. Só que três minutos parecem trinta quando você vê que a coisa não está evoluindo... E com combustível para apenas quinze de voo, e baixando para doze...

Os passageiros agora falavam para ele:

– Ó, qualquer gramado que tiver aí no caminho você desce, tá?

Era um tal de olhar pela janela, olhar pra baixo procurando alguma fazendinha...

Pegamos mais um pouco de chuva, tivemos de baixar de altitude, mas começamos a ter mais visão. Ganhamos condições para nos orientar. Oito minutos de combustível... Cinco minutos de combustível! Finalmente vimos luzes intermitentes. Eram faróis de automóveis que passavam na Rio-São Paulo. Seguimos até visualizarmos um campo de futebol de uma fábrica de cerveja, à beira da rodovia Dutra. Quando pousamos, restava apenas três minutos de combustível.

Abrimos a porta e saímos correndo, esquecendo de que estávamos em uma propriedade particular.

Era sexta-feira à noite, e de repente surgiram uns seguranças armados, com cachorros, correndo em nossa direção.

Nossa adrenalina, que estava baixando, voltou a subir.

Levantamos as mãos para mostrar que estávamos desarmados:

– Calma aí, calma aí, cara. Isso é um pouso de emergência.

Um segurança com cachorro ficou nos examinando até finalmente perguntar o que estava acontecendo.

– Fizemos um pouso de emergência. Tinha chance de o helicóptero cair, pousamos aqui.

O segurança ligou para o seu supervisor, que telefonou ao diretor, que, por sua vez, mandou uma van nos pegar.

O piloto deixou o helicóptero dentro da fábrica de cerveja. Devem ter mandado um caminhão tanque com combustível para lá. A diretoria da Light ficou tão indignada que aquela empresa de táxi aéreo perdeu seu contrato.

Apesar da experiência perigosa e desagradável, naquela época não sentia mais tanto medo da morte. No acidente com a lancha, estive tão perto dela que nesses outros momentos você pensa que "o jogo já acabou, tô nos descontos...".

Felizmente, essa sensação diminuiu com o tempo. Aquele episódio logo ficou para trás, retomando minha rotina na Light e as palestras.

Alguns anos antes, entre 2001 e 2002, fui homenageado com o título de cidadão piauiense, em uma cerimônia marcada por uma saia justa. O governador Mão Santa me convidou para receber a medalha do título Renascença. A cerimônia seria no município interiorano de Campo Maior.

Chegando ao nosso destino, um micro-ônibus nos levou a um lugar que se assemelhava a um grande picadeiro, cercado por uma arquibancada. Havia Polícia Militar, banda, cerimônia de hasteamento de bandeira, todo mundo arrumado sob um calor de 40°C.

Só que, para entrar no picadeiro, havia no caminho um mata-burro, um daqueles estrados instalados em cima de valas que impedem a fuga do gado em propriedades rurais. Mas as tábuas estavam muito distantes umas das outras.

Todo mundo desceu e passou pelo mata-burro, mas eu empaquei. Seria muito complicado colocar a muleta ali. Olhei para aquilo e pensei: "Daqui não consigo passar..." Fiquei parado, olhando para o chão por uns doze, quinze minutos. Até ouvir uma voz.

– Ah, o senhor está aqui? Não vai lá receber sua homenagem? – disse um policial, após alguém ter notado minha ausência.

– Mas, cara, como eu vou entrar? Vocês colocaram um mata-burro aqui, a muleta vai entrar no buraco e vou levar um tombo. É um mata-burro, mas pode matar o Lars, também.

O coitado do policial, que não tinha culpa daquilo, ficou envergonhado. E foi correndo avisar o governador.

Foram procurar tábuas para que eu pudesse passar. O que era para ser uma homenagem acabou virando, sem querer, um constrangimento, que piorou quando alguém sugeriu:

– E se a gente levar o senhor no colo?

Respondi sem disfarçar a irritação.

– Colo, não. Isso seria uma vergonha para mim. Não se pode ter uma cerimônia pública onde você coloca um mata-burro, pô. Onde está a acessibilidade?

No fim, arrumaram umas tábuas e eu passei. Mas o recado foi dado naquele interior do Piauí, anos antes da questão da acessibilidade conquistar o espaço que tem hoje.

De volta ao Rio, fui tocando minhas atribuições na Light, desenvolvendo e implantando uma política avançada de diversidade e apoio aos portadores de necessidades especiais. Mas sempre de olho na minha mãe.

Depois do diagnóstico do câncer, ela viajou para as Ilhas Canárias, na Espanha, com o Torben, onde ficava a concentração do sindicato da Ericsson, da regata Volvo Ocean Race. Passou algum tempo lá, voltou e continuou com a quimioterapia.

Em março de 2008, quase um ano após a descoberta da doença, o quadro piorou muito. Ela foi ficando cada vez mais fraca, com menos apetite, emagrecendo, quando até ela percebeu que se tratava do início do fim.

Foi a minha vez de cuidar dela. Deixei a Light naquele mesmo mês, que passou a me patrocinar na vela. Nesse momento, dividi meu tempo entre a família, em Brasília, e a minha mãe, no Rio.

Meu avô materno, Preben, era dinamarquês e ateu. Minha avó materna era da Prússia e tinha origem luterana. Minha mãe, que estudou em um colégio anglo-americano, se professava anglicana e quando se casou com meu pai se tornou, teoricamente, católica.

Já em seu leito de morte, conversando com a gente, ela tocou no assunto.

Orientou-nos que, caso publicássemos uma nota sobre seu falecimento, deveríamos usar a imagem de um barquinho, porque, na Dinamarca, quando você passa os olhos no obituário, as imagens mais comuns são: um galinho de arruda, quando a pessoa é pacifista, e um barco viking, para os assumidamente escandinavos.

Quando ela morreu, em setembro, meu irmão mais velho, Axel, não sabia o que colocar. Os jornais nem têm esse tipo de referência.

Foi preciso procurar o barquinho na internet e encomendar um desenho para então realizar o último desejo de nossa mãe.

Ingrid morreu fiel à sua origem.

Poucos meses depois, quando ainda me recuperava de sua morte, foi anunciado o Mundial da classe Star, que em 2010 seria no Rio.

Criei meu próximo desafio:

"Quero me sair bem nesse Mundial."

CAPÍTULO 9 —

LEGADO

Minhas jornadas como gestor esportivo, diretor na Light e palestrante correram em paralelo à minha reaproximação da vela. É verdade que quase desisti. Afinal, quando você pensa na imagem de um atleta olímpico, parte do princípio de eugenia, do físico ideal. Eu mesmo era assim. Então, quando me vi amputado, passei a me enxergar como inválido.

"Acabou. Talvez eu volte a velejar algum dia para contemplar a natureza, estar em contato com o mar."

Não vislumbrava a menor possibilidade de voltar a competir em alto nível. Nem mesmo nas Paralimpíadas, já que a vela paralímpica brasileira não era desenvolvida naquela época.

A primeira participação de um velejador do país em Paralimpíadas aconteceu em Pequim, em 2008. Meu acidente foi em 1998. Ou seja, a vela paralímpica não passava de um sonho. Além disso, nas Paralimpíadas, há pessoas deficientes que se tornaram velejadores, mas não havia casos de esportistas consagrados ficarem deficientes e competi-la.

Minha situação representaria algo novo, mais ou menos como aconteceu no automobilismo com o italiano Alessandro Zanardi, piloto da Fórmula Indy, que teve as duas pernas amputadas após sofrer um acidente e retornou depois no paraciclismo.

Reconheço que passou pela minha cabeça disputar uma paralimpíada. Até hoje as pessoas perguntam sobre meu interesse na competição ou oferecem oportunidades, pelas quais sou grato, mas prefiro competir com os principais velejadores na categoria regular, e recuso.

Eu me exijo demais. O Torben sabia disso e me mostrou a classe Star como um caminho de superação pessoal, já que eu já estava acostumado a competir com atletas sem deficiência e ter experiência com parâmetros de desempenho muito altos.

Na classe Tornado, não seria possível competir com velejadores não deficientes, mas como timoneiro de Star havia espaço. A ideia era interessante, apesar do medo do ridículo de voltar e não ser competitivo. Seria frustrante.

Comecei com uma baixa expectativa, porque, fora aquela participação na regata Preben Schmidt, meu recomeço coincidiu com a fase em Brasília trabalhando como diretor do Indesp.

"Vou comprar um Star e ficar velejando aqui em Brasília. Ninguém vai ficar me cobrando nada", pensei.

A ideia era ganhar intimidade com o barco e começar a competir. Torben, que fazia questão de me visitar, me acompanhava ao Iate Clube e a todo momento me motivava:

– Tá vendo? Eu disse que você pode ser competitivo na Star.

No Brasileiro, em Ilhabela, que ousei disputar, não fui bem. O mastro quebrou, fisicamente não estava preparado – não tinha treinado como deveria –, meu parceiro de Brasília furou na última hora e foi substituído no improviso por um colega de Niterói. Foi uma ducha de água fria.

– Ih, rapaz. Esse negócio acho que não é para mim mesmo. Deixa eu me dedicar à vida pública...

Mas o Torben percebeu que eu precisava de um estímulo. Ele se preparava com o Marcelo Ferreira para os Jogos Olímpicos de Sydney, que aconteceriam no ano seguinte, em 2000, e resolveu insistir:

– Vem para o Rio treinar comigo. Nós precisamos velejar mais, precisamos de uma referência. Acho que você é o cara ideal para isso.

Ele não precisou insistir muito. Comecei a correr algumas regatas isoladas no Rio, com o Ronnie Seifert. Sem eu saber, o Torben foi além e, em uma mostra de confiança, pediu à confederação para eu ir para a Austrália ser seu sparring nos Jogos Olímpicos.

O Bill Hasselmann, coordenador da equipe olímpica de vela, me chamou para conversarmos. Começou cheio de dedos e concluí na hora o que aquilo significava.

– Lars, eu te chamei aqui porque seu irmão me apresentou uma sugestão. Mas você sabe muito bem que a quantidade de credenciais olímpicas é limitada, preciso te explicar que não tem para todos...

– É, sei dessa situação – respondi, já descartando meu retorno às raias olímpicas, mesmo que como sparring.

– Vai ser difícil para você...

– É, eu sei – respondi, sem esconder minha tristeza.

– O Torben precisa de um sparring, então está decidido, você vai no meu lugar, Lars – disse o Bill.

Ele explicou que seria "difícil" para mim porque eu iria graças à vaga de coordenador técnico da equipe de vela. Ou seja, teria que atender os competidores de todas as classes, além de treinar com o Torben. Eu mesmo não achei que seria difícil. Não seria o técnico deles, já que outros competidores, como o Robert Scheidt, estavam em muito boas mãos. Funcionaria mais como um guru.

Minha confiança e entusiasmo aumentou quando, em 2000, fiz com o Roger Wright minha primeira e única competição na Tornado após o acidente, da qual saímos vencedores. Depois dos Jogos Olímpicos de Sydney, mudaram a configuração do barco. Antes a tripulação era composta por um timoneiro e um proeiro, sendo que só este utilizava o trapézio – ficava suspenso por um cabo de aço –, enquanto o timoneiro escorava sentado.

Posteriormente, ficaram dois tripulantes com trapézio e balão, o que acabou com qualquer hipótese de eu voltar a velejar com uma perna só. Antes, o proeiro ficava no trapézio e o timoneiro preso ao barco, sentado, mais ou menos como fico hoje na Star. No caso do trapézio, quando o tripulante fica engatado em um cabo de aço, a dificuldade é que, ao utilizá-lo, o único apoio do marinheiro é a ponta dos pés.

Ao desembarcar em Sydney, percebi nos treinos que conseguia andar junto com os concorrentes à medalha. Fora da água, os demais velejadores – que me viram subir no pódio como medalhista – agora me enalteciam por eu aparecer como coordenador técnico e sparring do Torben.

Mas o ambiente da Vila Olímpica era diferente. De uma abordagem, em especial, eu me lembro como se tivesse sido ontem.

– Você chegou cedo, hein – disse, em inglês, um atleta no restaurante da vila olímpica, para logo depois completar:

– A Paralimpíada começa só em dois meses – disse, aos risos.

Esse foi o caso mais agressivo, embora não tenha sido a primeira vez que eu ouvira mensagens do tipo na vila. Não tive o que responder.

Foi então que caiu a ficha de que eu estava ali, no palco dos Jogos, mas não estava competindo nos Jogos Olímpicos. Somente *ajudando* a equipe brasileira. Nada mais que isso. Tive a sensação de ter deixado de ser protagonista para me tornar um mero coadjuvante.

Era o dia do desfile de abertura, no qual delegações de todos os países participam. Tomei banho, me aprontei, vesti o uniforme do COB, mas empaquei quando estava saindo para pegar o ônibus e ir ao estádio.

Na hora, meu tio Erik perguntou, gesticulando em direção à porta.

– Ei, você não vai?

Ele tinha questionado de forma retórica, já que sabia o quanto valorizo os Jogos Olímpicos e não perderia aquilo por nada.

– Não vou mais – respondi, sério.

– Como assim?

– Não vou, não vou...

– Por quê?

– Porque essa não é minha olimpíada. Não sou mais atleta, não sou mais ninguém... Tô aqui para ajudar o Torben, mas na verdade tô passando ridículo. Você não sabe, mas as pessoas perguntam por que cheguei cedo à Paralimpíada. Isso aqui... isso aqui não me pertence, não sou mais atleta. Não adianta eu criar uma realidade que não existe. Sou um deficiente, cara. Tô aqui ajudando meu irmão e a turma da vela. Mas o desfile é para atleta, não para dirigente, cartola...

O Claudio Biekarck, então técnico do Robert Scheidt, e meu tio ainda tentaram me convencer a ir na abertura, mas empaquei que nem uma mula. Eles foram, enquanto eu iniciava meu mergulho em uma profunda depressão.

Fiquei sozinho na vila olímpica, já que todos foram ao desfile. Lembrei dos meus últimos momentos na vila olímpica de Atlanta, em 1996, quando fui embora superanimado com minhas chances para a Olimpíada de Sydney. Que contraste!

– Nunca mais vou voltar aqui como atleta – lamentei, balançando a cabeça, enquanto ouvia os risos e brincadeiras dos últimos atletas que se dirigiam apressadamente para o desfile.

Adormeci rapidamente ouvindo Moody Blues. No dia seguinte, despertei cedinho, ainda triste. "Vou cumprir minha missão aqui na Olimpíada", fui para a marina trabalhar no barco, ajudar o Torben e os outros na medição e na regulagem das embarcações.

Os dias passaram rapidamente, o Torben foi bem na competição, chegou a ser líder daqueles Jogos Olímpicos. Mas aconteceram uns imprevistos, ele cometeu erros na fase final, e chegou à medalha de bronze com o Marcelo Ferreira. Pelo menos senti que parte daquela medalha tinha a minha contribuição.

No retorno ao Brasil, aos poucos foram chegando meus primeiros resultados nacionais na Star. Mas enquanto o Torben era candidato à vaga olímpica, jamais levantei a pretensão de voltar aos Jogos como atleta. Era um objetivo inglório, o Torben estava no auge da carreira e era o atual medalhista olímpico. Uma coisa era tentar velejar em alto nível para ajudá-lo, outra era querer derrubá-lo. Não parecia algo bonito.

Fui evoluindo em competições dentro do Brasil, de olho em regatas internacionais. Até que chegou a hora de disputar minha primeira competição internacional desde o acidente, o Mundial de 2002, na Califórnia. Para meu azar, coincidiu de a data da competição ser a mesma da votação, no México, da escolha da sede dos Jogos Pan-Americanos de 2007. O Rio concorria com a cidade norte-americana de San Antonio. Havia trabalhado intensamente na organização de nossa candidatura, acompanhei cada passo e fiz toda a preparação como secretário nacional do esporte.

Foi, como dizem, uma escolha de Sofia. Pensava no Mundial e no Pan, na Califórnia e no México.

Mas como o trabalho da candidatura já havia sido feito, tomei minha decisão.

O Caio de Carvalho, que assumira o Ministério do Esporte e Turismo interinamente, naquele final de governo FHC, foi para o México.

Disputar o Mundial de Star seria um teste. Enfrentei dificuldades por não ter experiência em competições com muitos barcos no exterior, e ainda por cima usando velas velhas, pois havia restrições financeiras.

A logística tampouco ajudou, já que despachamos o barco de Brasília para o Rio, de lá para os Estados Unidos, onde atravessou o país de trem até finalmente chegar à Califórnia. E ficamos muito tempo sem treinar, devido à minha agenda restrita.

No Mundial, muitos me conheciam de nome, sabiam do acidente e que eu era um medalhista olímpico; outros, não. As pessoas me olhavam desconfiadas. Chegou uma hora em que um americano não aguentou e mandou um recado.

– Sua presença aqui na competição está causando constrangimento.

– Lamento, mas se acha que sou incapaz, que mostrem isso ganhando de mim.

A verdade é que chegava àquele mundial desambientado, sem ritmo de regata e pela primeira vez enfrentando cem barcos de Star na mesma raia. Após altos e baixos, acabamos aquela regata na 32ª posição.

Muitos elogiavam o fato de termos terminado no primeiro terço da flotilha, achavam incrível um cara sem perna deixar dois terços dos competidores para trás, inclusive o tal norte-americano que enxergava a minha participação como ofensa.

Mas eu me cobrava muito e reconheci para o Marco Lagoa, meu proeiro na época, que estava decepcionado com a nossa atuação.

– Para velejar assim, prefiro nem velejar.

Era preciso treinar, melhorar o preparo físico, comprar material novo. Para piorar, o meu problema de astigmatismo havia se agravado. Minha visão dos barcos e das marcas de percurso das boias estavam péssimas, dependendo muito das informações do proeiro.

Assim que cheguei ao Brasil, marquei uma operação para corrigir o astigmatismo. Mas o que incomodava de verdade era o orgulho machucado. O 32º lugar frustrou a minha expectativa, apesar de, na prática, não ser um resultado tão ruim. Levei semanas para digerir aquilo.

Ainda achava que podia, como o Torben não cansava de repetir, mas precisava de mais treino, dedicação e tempo. Como? Estava no auge do exercício como secretário nacional do esporte. Não dava para deixar de cumprir alguma agenda profissional e dizer simplesmente: "Pô, não vai dar, tenho que treinar." Isso ficou claro quando questionaram onde eu estava durante a votação do Pan.

Segui persistindo e me desdobrando para dividir meu tempo entre o gabinete e as raias. Retornei aos Jogos Olímpicos em 2004, em Atenas, de novo como coordenador técnico, de novo ajudando o Torben.

Muitas vezes, nos treinos em Sydney, ganhávamos dele e dos outros barcos que emparelhavam com a gente. O Torben, como sempre, era muito generoso.

– Tá vendo, cara? Por que você não leva a sério, pô? Tem vezes em que você ganha da gente, é mais rápido. Se você se dedicasse mais, teria chances iguais às minhas.

Eu ficava desconfiado. Velejava por prazer e para ajudar o meu irmão.

Seu resultado em Atenas foi excelente, tendo conquistado o ouro olímpico com o Marcelo. Roger, que ia a todos os Jogos Olímpicos, nos convidou para um jantar e aproveitou para fazer uma sugestão.

– Queria fazer um projeto de vela com vocês. Ainda não sei o quê, aceito proposta. Tenho dinheiro e vontade de velejar.

Torben sugeriu comprar um barco da classe 12 Metros, que foi olímpica nos primórdios do século XX. É um barco enorme, sessenta e poucos pés de comprimento, e que durante muito tempo foi o barco oficial da America's Cup, a mais antiga competição esportiva do mundo, desde 1851.

– A gente pode montar pela primeira vez uma equipe 12 Metros brasileira – propôs Torben.

Seria uma equipe pro-am (reunindo profissionais e amadores). Parte da tripulação com os profissionais necessários para trabalhar no barco, parte com os amigos que velejariam conosco. Era um projeto bastante ambicioso, e o Roger gostou da ideia.

Na semana seguinte, já no Brasil, eu havia me esquecido daquela conversa, até porque o jantar tinha sido regado a muito vinho. Mas o Roger, não.

– Cadê o meu 12 Metros?

– 12 Metros?

– A gente não combinou de comprar um barco desses?

– Você estava mesmo falando sério?

– Porra, você acha que quando falo uma coisa é de brincadeira? Dei a minha palavra, vamos comprar o barco!

Seguiram-se semanas de consulta sob a permanente consultoria do Torben. No fim do ano, compramos o sofrido 12 Metros KZ-3 "Kiwi" na Inglaterra. O Roger desenhou um projeto ainda mais ambicioso do que o inicial: ser campeão do circuito no ano de centenário das classes métricas, em 2007. A gente teria 2005 e 2006 para se preparar em competições.

Àquela altura, eu estava no governo de São Paulo, então não podia me dedicar totalmente ao projeto. Coloquei Penido para ser o capitão do barco, com Clínio acompanhando tudo de perto.

Assim montamos a campanha Wright on White, que era o nome do barco KZ3, primeiro e único 12 Metros da vela brasileira. Competimos no primeiro ano em Newport, nos Estados Unidos. A meta era terminar 2005 com uma tripulação respeitada na aristocrática casa da America's Cup. Excedemos nossas expectativas ao nos sagrar vice-campeões mundiais.

Como se não bastasse, ainda em 2005, o Torben me deu uma notícia que impactaria o futuro de ambos.

– Lars, andei pensando e cheguei à conclusão de que, depois de conseguir meu segundo ouro, não tenho mais ambições na vela olímpica. Além disso, me desanima a falta de apoio no Brasil. Não dá para viver como velejador olímpico. Está na hora de eu ser, de fato, profissional da vela e ganhar dinheiro.

Ele confirmou que não faria campanha para ir aos Jogos Olímpicos de Pequim e que se dedicaria à Volvo Ocean Race e à America's Cup.

Enquanto ele falava de seus planos, pensei: "Puxa, agora posso velejar o máximo de tempo do qual puder dispor." Racionalizei que agora meu sucesso não dependia do fracasso do meu irmão. Aquilo despertou uma vontade mais forte de velejar. Fui dividindo meu tempo entre a Star e o Wright on White, enquanto me desiludia cada vez mais com os bastidores da política.

Em 2006, fomos vice-campeões norte-americanos e ganhamos dois títulos em Rhode Island, em competições na classe 12 Metros. Depois vencemos o Voile Saint-Tropez, competição supertradicional no Mediterrâneo, num 12 Metros chamado French Kiss. Eu já estava supermotivado com esses projetos, o que pesou quando resolvi abandonar os cargos públicos e me afastar da política, desgostoso com os caminhos do Brasil.

Voltei-me para a vela com intensidade.

Passaram-se os meses e fomos correr o campeonato de 12 Metros em Martha's Vineyard, um balneário dos Estados Unidos, em Massachussets, um lugar que os Kennedy frequentavam.

Na hora de ir embora, começou uma tempestade. Para piorar, o Roger era o cara mais ansioso do mundo. Os aeroportos, todos fechados, e o Roger naquela agonia de querer ir embora para Nova York, onde tinha trabalho, para depois retornar a São Paulo. Estávamos com passagens da Continental e tínhamos que esperar.

– Não vou esperar o aeroporto abrir coisa nenhuma. Vou embora daqui.

Fomos de carro ao aeroporto. Tentei argumentar que não tinha jeito, estava tudo fechado. Ele foi falando, inconformado, no caminho:

– Ah, sempre tem um jeito.

Chegou no balcão da companhia aérea.

– Quero ir embora. Agora!

– Não pode, meu senhor, vai ter que esperar como todo mundo – explicou a funcionária, apontando para as dezenas de passageiros que arriscaram ir ao aeroporto mesmo sabendo das condições climáticas.

– Eu pago o que for para me tirarem daqui.

Pouco tempo depois, Roger retornou com um senhor que tinha sido piloto de guerra no Vietnã, um maluco que não tinha nada a perder – era outro que devia ter visto a morte de perto. Ele fez um preço para fazer o voo do Roger, que esticou a mão como um "trato feito". Roger me deu as boas notícias.

– Lars, arrumei este senhor aqui. Ele é piloto e vai nos levar até Nova York.

Fomos rapidamente conduzidos até a garagem, talvez por medo que desistíssemos do acertado. Entramos em um bimotor de hélice com capacidade para seis pessoas e nos acomodamos. O Roger, sua esposa, Lucila, um amigo nosso, o Gastão Brun, e eu.

Ele iniciou um voo rasante, bem próximo ao solo. Para se orientar, consultava uma espécie de atlas, com mapas de papel.

Tinha muitas nuvens por causa da tempestade. Na crista das ondas, onde estávamos, qualquer erro poderia fazer o avião se espatifar.

– Por que não voa mais alto? Pode usar os instrumentos... – sugeri. Ou o piloto não ouviu, ou não me deu atenção.

Insisti. E ele explicou a razão de não poder voar mais alto.

– Se eu voar mais alto, o radar me pega...

Olhei para o Roger e perguntei, em português:

– Quem é esse cara?

Foi quando o Roger me explicou como tinha conseguido aquele voo. O piloto tinha um esquema no aeroporto que permitia decolagens sem que sua partida fosse registrada. Para não ser detectado pelos radares, tinha de voar rasante. Não podia usar sistema de navegação, ou seria detectado.

O veterano sobrevoava as praias, ia pelo litoral em direção a Nova York, apenas com a orientação visual. O avião chacoalhava bastante. Roger me garantiu que o piloto era experiente, que chegaríamos (vivos) a Nova York.

Se eu tivesse noção do nível de periculosidade, não teria embarcado. O piloto não parava de virar as páginas de seu "atlas" para se orientar. Às vezes, ficava um tempo sem olhar para a frente, com uma mão no manche e a outra folheando as páginas.

Fui roendo as unhas. Até que me debrucei entre sua poltrona e a do copiloto, que estava vazia, e perguntei:

– Não quer que eu vire as páginas para o senhor?

– Pode ajudar?

Todo torto, já que não poderia passar para o banco do co-piloto, fui virando as páginas, prestando atenção para onde a gente estava indo.

Perguntamos a ele onde pousaria e ouvimos como resposta Newark, onde também devia ter um esquema. No La Guardia e no JFK, não.

O setor aéreo estava fechado naquela parte dos Estados Unidos, mas, se entrássemos por outro lugar, ele declarava que estava vindo de outra localidade e teria permissão para pousar em Newark. Entramos pelo rio Hudson. Naquele momento, ele fechou o atlas e falou com a torre pedindo autorização, declarou outra rota e pousou.

Desembarcamos, mas fiquei pensando como um país tão preocupado com a segurança podia ter um maluco daqueles voando. Ele tinha visto a morte de perto, sem temê-la. Eu entendia *bem* isso. Ele tinha uma autoconfiança enorme, o tipo de autoconfiança que gera acidentes.

Àquela altura, haviam se passado oito anos desde o meu acidente. Naquele período era como se eu tivesse morrido e ganhado o direito de viver de novo.

Você está se danando se vai viver ou morrer. No início, eu tinha essa filosofia, havia ficado destemido, cutucava a onça com vara curta.

Hoje em dia não sou mais assim. Aos poucos, por mais impactante que seja, aquela experiência fica mais distante e você volta a pôr os pés no chão, pensando mais em suas responsabilidades, nos filhos, e sabendo que tem de viver.

Finalmente chegou 2007. Uma das principais surpresas que aquele ano me reservou foi voltar a velejar com o Torben. Nas etapas de Valência e Cannes dos 12 Metros, ele correu conosco e ganhamos as duas finais.

– Lars, é sempre um prazer voltar a competir com você ao meu lado – disse Torben, ao soltar um de seus raros sorrisos.

De fato, parecia que a gente nunca tinha parado, tamanha a sintonia.

Ele acabara de chegar da America's Cup, vinha de um nível de exigência absurdo. No início, a gente se estranhou um pouco por ele querer impor o ritmo do *Luna Rossa*, seu barco, no nosso. Mas depois a gente foi se adaptando e ele também mudando a linguagem com uma equipe não mais italiana, mas brasileira.

A adaptação foi muito rápida. Das quatro etapas, ganhamos as duas que fizemos com ele. Foi um momento mágico.

No fim, o projeto Wright on White deixou um gosto agridoce na nossa boca. Houve a alegria de vencer o circuito mundial, a Copa do Centenário e o reconhecimento coletivo de melhor equipe de 12 Metros no mundo em 2007. Ganhamos a etapa de Cannes, que valia o Mundial, mas por um capricho da natureza, houve dias de ventos fortes, quando as boias das marcas de percurso não conseguiam se fixar, pois o lugar era muito profundo. Por isso, acabaram não acontecendo todas as regatas previstas, e, pela regra da classe dos 12 Metros, era preciso realizar ao menos cinco regatas para homologar o Mundial.

A euforia da nossa conquista contrastou com essa ducha de água fria. Ganhamos o Mundial, mas o título não foi homologado por não ter o mínimo de regatas. Isso nos machucou muito, foi o ponto negativo para a tripulação.

Para o Roger, o importante foi comemorar a meta atingida. Na sua visão, conquistamos títulos, aprendemos a dominar a alta elite da vela mundial e fazer com que a vela brasileira fosse respeitada além das fronteiras olímpicas. Era o bastante para ele considerar encerrada aquela aventura.

Para mim, foi também o momento de retorno após o acidente às regatas de Vela de Oceano, além de poder reunir no barco 12 metros proeiros e parceiros de regatas da minha vida.

Eles não são apenas companheiros de vela. São gente que considero, por opção, parte da minha família: Glenn, que se não fosse meu primo, de todo jeito estaria nesse grupo tão querido, foi quem tornou possível meu sonho da primeira medalha olímpica. Meu "sparring" que, sempre passando despercebido, me ajudou a afinar minha vela Colin James Corfe Gomm. O Clínio, a quem sempre vou me lembrar não pela medalha olímpica que conquistamos juntos, mas porque devo a ele minha vida. O próprio Roger, misto de parceiro, patrocinador e mentor, por vezes disfarçado de carrasco. Marco Aurélio Gardini Lagoa, que estava no meu início na Star e também no meu primeiro título da prestigiosa Bacardi Cup. Assim como o Marcelo Jordão, que o substituiu à altura. Eduardo Penido, que plantou na minha cabeça, após o acidente, a semente de meu retorno às competições. Kiko Pelicano, o garoto inexperiente cujo entusiasmo foi um dos motores da conquista de minha segunda medalha olímpica.

Bem, não preciso falar do Torben. Ele não é apenas meu irmão de sangue, mas um líder com instinto vencedor. Mais importante que isso e que todos os títulos que conquistou, ele estava sempre comigo, nos momentos em que mais precisei do meu "mano".

Nos momentos de lazer ou quando nos reuníamos para jantar após um dia duro de competição, eu sentia um sabor bom, de almoço de domingo.

Então, quando 2008 chegou, após tantos momentos positivos mas sem o título do Mundial ter sido homologado, sobrou para mim só a Star. Como Torben havia dito, se eu me dedicasse a essa classe, os resultados apareceriam.

Em 2005, eu já havia sido campeão brasileiro e sul-americano em dupla com o Marco Lagoa, tendo o Robert Scheidt como vice-campeão. No ano seguinte, conquistei um troféu de prestígio na Itália, já com o Marcelo Jordão. Ali ficou evidente que se eu me dedicasse à Star e levasse a sério, os resultados poderiam vir. Só que não era minha prioridade no momento por conta dos 12 Metros.

Em 2008, tudo mudou. Por isso, voltei com mais intensidade, e vencemos os títulos nacionais e um sul-americano, em Angra dos Reis.

Quando começou a seletiva olímpica, participei só por participar, já que o Robert Scheidt era favoritíssimo, pois não tinha Torben à frente. Mas, para minha surpresa, começamos a eliminatória na liderança.

Lideramos quase até o final. Foi uma surpresa arrancarmos na frente no início da disputa olímpica. Nos quatro primeiros dias, fomos líderes, impondo uma disputa duríssima ao Scheidt. No segundo e no terceiro deles, chegamos a ampliar a vantagem.

Ele buscou e conseguiu o empate no quarto. Barcos de São Paulo nitidamente velejavam protegendo ele, tentando eliminar a zebra. No quinto, ele passou a gente por um ponto e no sexto, avançou. O espaço era longo o suficiente para permitir uma virada e ele e o Bruno Prada, com categoria, venceram. O vento mudou no final, ele acertou seu barco e levou a eliminatória, mas foi um susto.

Ficamos em segundo. Não fomos para o último dia de regata, nem ele. Vários barcos que não tinham mais chance se retiraram, e assim a gente não conseguiria mais passá-lo. Foi uma eliminatória muito disputada, um jogo duro entre nós dois. A gente terminou a seletiva um pouco estremecido.

Depois, ele chegou até a me pedir o barco emprestado, pois acreditava ser mais veloz que o dele. Acabou mudando de ideia, mas veio falar comigo, perguntar sobre a regulagem do barco, porque ele sabia que tinha uma condição mais veloz de vento fraco. Passei o que pude, ajudei no possível.

Se tivéssemos batido o Scheidt, provavelmente teríamos ido aos Jogos. Eu teria largado tudo e caído dentro na preparação para os Jogos Olímpicos.

Mas fiquei feliz por ele se classificar, pois tinha mais chances do que eu. Achava também que, se vencesse a eliminatória, todos os colegas da vela, a imprensa e os cartolas achariam uma injustiça com o Scheidt pelo fato de ele ser, na teoria, o competidor mais bem preparado. Antevi os problemas que teria pela frente.

Embora tenha deixado escapar a vaga no final, aquela eliminatória nos deu um gás. No Mundial de 2009, eu estava com novo proeiro, o Rony Seifert, e surpreendemos: fomos bronze e o Robert, 11°. Foi a primeira vez que ganhamos dele para valer.

Aí veio uma sequência. Ganhamos um evento em Brasília, comemorativo aos duzentos anos do Banco do Brasil, e ele foi terceiro. No Rio, teve um campeonato supertradicional, a Taça Royal Thames, que a gente ganhou e ele ficou em 12°. Depois teve um Sul-Americano no Rio. Fui quinto, e ele, nono. Teve um Mundial no Rio em 2010, onde o Torben foi terceiro, ganhando no desempate da gente. Terminei em quarto, o Alan Adler em quinto, e o Scheidt em oitavo. Ele via que não era um período tão fácil.

Já eu pensava nos Jogos Olímpicos de Londres. "Será?..."

Entramos em 2011 com a motivação lá em cima. Venci a pré-olímpica de 2011 em Porto Alegre. Foi quando a confederação anunciou medidas de proteção à vaga olímpica. Ela definiu que os postulantes à vaga olímpica teriam que correr todo o circuito mundial, e não apenas disputar a seletiva, como ocorria tradicionalmente.

A primeira etapa da seletiva olímpica era no Mundial da International Sailing Federation, em Perth, na Austrália.

"Como vou colocar um barco em Perth com dinheiro do meu bolso? Fora isso, tem a passagem aérea...", pensei.

Quando percebi que os candidatos "oficiais" tinham barco zero quilômetro, técnico, material sobressalente, passagens aéreas para treinar quantas vezes quisessem, era como se a confederação dissesse: "Deixem a disputa olímpica." Ficou evidente que tratava-se de uma regra para defender a indicação do Scheidt e espantar a possibilidade de zebra.

Fiquei chateado. O Torben e eu fizemos um manifesto no qual declarávamos que não disputaríamos a seletiva. Mas não foi o bastante para eu dar as costas para a vela, aquilo que eu mais gosto de fazer, minha vocação. Ao contrário, ela continua sendo parte fundamental da minha vida.

Apesar de nos últimos anos ter conquistado títulos intercontinentais, vibrei mesmo ao conquistar o bicampeonato da Bacardi Cup. Apesar do nome, é uma competição tradicionalíssima, realizada desde 1927. Há campeões mundiais que tentaram vencê-la, mas não conseguiram. Do Brasil, meu irmão Torben e o Robert Scheidt participam da prova.

Desde que desisti de participar dos Jogos Olímpicos, é a competição que mais tem me motivado. Em 2013, bati na trave: fui vice, perdendo na última regata.

Em 2014, finalmente ganhei, e em 2015 fui campeão novamente. Enquanto meu barco era erguido por um guindaste para ser retirado da área de competição, o campeão olímpico Mark Reynolds vibrava ao me perguntar:

– Você sabe quantos foram bicampeões da Bacardi?

Só acenei com a cabeça afirmativamente e fiz o sinal de três com os dedos da mão. Naquele momento, já me colocava um novo desafio: o tricampeonato em 2016.

Um outro desafio, desta vez pessoal, me aguarda em 2016. Decidi que vou andar sem o auxílio de muletas no revezamento da tocha olímpica. As muletas me impediriam de andar, ou correr, com a tocha na mão. No revezamento da tocha pan-americana, em 2007, uma voluntária caminhou ao meu lado e só me passou a tocha na hora de eu entregá-la a meu irmão. Quero estar plenamente adaptado à prótese até o revezamento e, desta vez, carregá-la com minhas próprias mãos o percurso inteiro.

Por fim, mantenho um trabalho nos bastidores. Participo da Comissão Nacional de Atletas, entidade que "dá voz" aos desportistas no Ministério do Esporte. Presido o grupo e o cargo, desde que a comissão foi instituída, justamente quando eu atuava no governo federal. Minha participação não é remunerada, e é coerente com meu discurso de que não basta atirar pedras: quando você é convocado a colaborar, tem que estar aberto a essa possibilidade também.

Fora isso, presto consultoria a entidades do esporte, como a Confederação Brasileira de Clubes.

Porém, mais importante é transmitir valores e ver meu amor pelo mar refletido na minha família, em meus filhos. É o caso do Nicholas, que já participa de competições. Quem sabe eu não esteja com ele em algum Jogos Olímpicos e este não tenha sido um "adeus", mas apenas um "até breve"?

E assim vamos ao legado...

CAPÍTULO 10

DAR PARA RECEBER

MV
25
4

Nas incontáveis noites em que dividi o barco com o Torben durante competições, era comum conversarmos sobre o estereótipo de que "iatismo é coisa de rico". Começamos a discutir esse tema em nossa primeira parceria e o assunto voltava à tona toda vez em que nos encontrávamos. Essa questão sempre foi um incômodo.

Lembro que uma vez o Torben disse:

– Falam que isso é coisa de filho de rico, de família de estrangeiro rico...

Eu concordava, balançando a cabeça, e completava:

– Mas a gente sabe que não é nada disso... Ninguém sabe pelo que a gente passou. Enquanto lá fora eles têm barco de fibra de vidro, usamos de madeira. Nossos tios não tiveram apoio nenhum. Em diversos momentos eles precisaram enfrentar dilemas como a escolha entre comprar uma vela nova ou uma TV a cores para a casa da família, quando todos no bairro já tinham uma. Uma hora em que não dava mais para sacrificar a família, os filhos...

Não dá para negar que existe, sim, um componente de elite na vela. Os mais abastados até questionaram quando começamos a estampar patrocínios em nosso barco. Diziam que aquilo "maculava a pureza do esporte". Para eles, só poderia competir quem tivesse condições financeiras.

Mas sempre fomos agentes de mudança. Um dia, Torben e eu tivemos uma ideia:

– Vamos acabar mesmo com esse papo de elite. Vamos pegar o pessoal da rede pública de ensino, de comunidade carente de Niterói, e botar esse pessoal para velejar.

– É... por que não?

– Por exemplo, não há um negro velejando hoje no Brasil. Vamos fazer essa mudança...

De fato, não havia negros, no máximo morenos. O esporte era restrito em outros sentidos também: no clube em Niterói, a garagem dos barcos não tinha banheiro feminino.

O Projeto Grael surgiria fora de clube, em uma área pública, mostrando que esporte é direito de todos, aproximando a população. Eu, o Torben e o Marcelo Ferreira montamos o projeto, que começou como uma ação governamental da Niterói Esporte, Lazer e Turismo (Neltur).

Implantamos uma escolinha de vela na praia de Charitas, em contêineres na praia, ensinando jovens a navegar. O prefeito, após fazer uma das primeiras visitas ao projeto, ficou empolgado:

– Sabe de uma coisa? Daqui pode sair algo muito maior...

Ele rebatizou a ação de Projeto Nomes e o ramificou para outras atividades esportivas. Convidou a Fernanda Keller, ídolo do triatlo na cidade, e montou um novo projeto. Chamou o Ricardo Tatuí, campeão de surfe, e criou o Projeto Tatuí; falou com o Gerson, conhecido como o "Canhotinha de Ouro", e fez a escolinha de futebol; levou um senhor que tinha trabalhado com a seleção brasileira de futebol, conhecido como Gugu, para tocar um programa voltado à terceira idade.

Só sei que foi uma morosidade cada parecer, cada contratação.

Pressionávamos o prefeito, pois sabíamos que com o passar do tempo nossa medalha olímpica já cairia no esquecimento. Aí você o procura e ele já não o atende mais. Levamos dois anos para implantar o projeto.

A primeira aula aconteceu em julho de 1998 – dois meses antes do meu acidente. No nosso próprio clube, em Niterói, houve uma reação negativa.

– Isso aí tá errado. Imagina, quando tiver regata esse pessoal da favela vai aparecer aqui no clube – criticavam.

– Vão. E daí? Tem alguma coisa errada com eles? – respondia.

Em muitos lugares, fui obrigado a manter esse tipo de diálogo. Mas rapidamente, os meninos e meninas provaram que eram eram ótimos velejadores, dedicados, e com um comportamento exemplar, digno de verdadeiros atletas.

Da mesma forma que o Vasco, no início do século passado, colocou negros para jogar futebol, o "esporte dos britânicos", e foi punido por cometer um absurdo desses, a missão do Projeto Grael é deselitizar e democratizar a vela.

O preconceito não vinha apenas da "elite", o que representou dificuldades ainda maiores. Quando um jovem de comunidade se sobressaía e ganhava espaço na mídia, o tráfico também ficava de olho.

Para nós, foi um grande aprendizado administrar as expectativas desses garotos, muitos dos quais não têm convívio com o pai, só com a mãe, e o padrasto. Foi aí que percebemos que o rumo do Projeto Grael não era necessariamente formar atletas de vela ou moldar campeões. Isso se tornou uma consequência. O lado da cidadania foi ganhando espaço. Logo que entram, antes mesmo de navegar, a garotada, para a própria segurança, aprende a nadar. Também fazem parte do projeto a educação ambiental, contribuição do Axel, e as oficinas técnicas profissionalizantes em Niterói.

Ficou claro que nosso papel é muito mais útil em sua capacitação para o mercado náutico, e na geração de perspectivas de emprego, para que no futuro trabalhem como marinheiros, comandantes de embarcações. Em nosso projeto, também acolhemos jovens que têm de cumprir penas leves. Em vez de pagar cestas básicas, eles prestam serviços à comunidade no projeto. Alguns conseguiram capacitação profissional.

Hoje, milionários de diversos clubes nos procuram interessados em tripulantes para seus barcos. Viramos fornecedores de mão de obra.

Samuel Gonçalves, meu proeiro, é pardo e fruto desse projeto. Mais do que isso, é competente, dedicado e adorado por todos.

Nossos atletas já participaram dos Jogos Pan-Americanos. Samuel e outros três ex-alunos do Projeto Grael foram os primeiros brasileiros a ganhar a regata Cape Town, que cruza o Atlântico. Um feito da vela oceânica obtido por atletas que vieram de comunidades.

O projeto funcionou em parceria com a prefeitura até a primeira eleição, quando contra nossa vontade entramos para a agenda eleitoral.

– Isso não tem futuro. A gente não está aqui para fazer política. Temos que ter vida própria. A prefeitura tem que ser nossa parceira, mas a gente não pode ser empregado da prefeitura, depender totalmente dela.

Criamos nossa ONG no início dos anos 2000. A partir daí, a prefeitura passou a entrar com recurso, era uma ação dela. Ficou melhor. O incentivo fiscal do Rio, através de patrocinadores, e do Ministério do Esporte completam nossa base orçamentária.

O projeto é conhecido até fora do país. Equipes internacionais nos visitam para fazer filmagens. Mas ficamos tristes ao perceber que governadores de Maryland, nos Estados Unidos, representantes de um estado da Alemanha, a princesa Vitória, da Suécia, nos visitam, plantam uma árvore, e não recebemos nenhuma visita de nossos governadores.

É engraçado ver como as autoridades de outros países têm interesse.

Claro, nem tudo são rosas. Especialmente quando você lida com uma quantidade muito grande de pessoas.

Lembro que eu estava muito orgulhoso quando a direção do Projeto Grael fechou um intercâmbio com uma ONG de Maryland, chamada Partners of America. Selecionamos um grupo de vinte jovens entre os mais bem-comportados, que tinham o melhor desempenho na vela e nos estudos. Eles foram lá para velejar e fazer um curso de inglês.

Um deles em especial era muito educado, afável. Ele chegou com uns dez anos e ficou lá até os dezesseis, dezessete anos, quando passamos a acompanhá-lo à distância. Tinha futuro, mas quando voltou para o ambiente violento onde vivia, foi para o lado errado. Soubemos que se envolveu com o tráfico, o que foi uma tristeza.

Chamamos ele para conversar e tentar reverter a situação. Mas não teve jeito. Até que um dia vimos pela mídia que já era procurado pela polícia. Pouco tempo depois, foi assassinado. Foi um episódio marcante.

Hoje em dia, quase todos os tripulantes desses barcos que recolhem lixo na Baía da Guanabara são ex-alunos do projeto. Outros são juízes de regatas internacionais, medidores de barco, outros se formaram em Desenho Industrial, Educação Física. Esse grupo foi preenchendo uma lacuna no mercado de trabalho.

O projeto tenta formar cidadãos e mostrar um caminho virtuoso e com perspectivas. É uma alegria saber que muitos, apesar de não continuarem no mercado náutico, tiveram ali uma lição de vida. Ao praticarem um esporte saudável, outrora rotulado como "de elite", incorporaram valores ao seu dia a dia. Acredito que esta seja a grande maioria. Outros serão campeões na vela e profissionais do mercado náutico.

Essa é a nossa maior realização: disseminar esperança e, principalmente, valores.

Este livro foi publicado pela Edições de Janeiro e impresso pela gráfica Prol, com as tipografias Dosis e Akzidenz-Grotesk, usando papel offset 90g/m^2 no miolo e papel cartão 350g/m^2 na capa, com acabamento costurado, em novembro de 2015.